U0128713

品成

阅读经典 品味成长

古罗马帝国的辉煌

THE GRANDEUR OF ANCIENT ROME

第 IV 卷　文化风采

赵 林

著

人民邮电出版社

北京

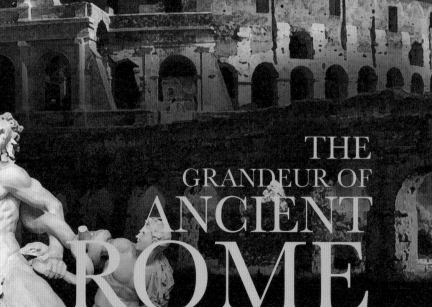

第 IV 卷 文化风采

THE
GRANDEUR OF
ANCIENT
ROME

第 1 章

罗马英雄主义

古希腊文明的历史主要是一部文化史，而古罗马文明的历史主要就是一部政治和军事史。说起古希腊，人们通常会想起各种美轮美奂的文化形态，如神话、史诗、竞技、雕塑、悲剧、哲学等；谈到古罗马，人们眼前就会浮现出罗马人开疆拓土、建功立业的英雄业绩。古希腊文明在后世享有盛名的主要是一些浪漫睿智的诗人、艺术家和哲学家，如荷马、埃斯库罗斯、苏格拉底等；而古罗马文明则在史册上留下了一批具有雄才大略的政治家和军事家，如卡米卢斯、恺撒、图拉真等。这些指点江山、叱咤风云的罗马英雄与陶冶性灵、激扬情怀的希腊诗人一样，共同构成了西方历史苍穹中的璀璨星斗。①

---

① 读者如果把这部《古罗马帝国的辉煌》与我在 2020 年出版的《古希腊文明的光芒》对照阅读，就会深切地领悟到希腊文明与罗马文明的不同特色。

第 I 节

罗马人与希腊人的文化差异

仰望星空的民族与俯抱大地的民族

罗马人在武功方面可谓是无往而不胜，但是在文雅和教养方面却不能与希腊人相提并论。虽然从公元前 2 世纪开始，广义的希腊文化圈（希腊、马其顿、小亚细亚、西亚甚至埃及地区）就逐渐被罗马人征服和统治，但是希腊人骨子里素来是瞧不起罗马人的。在希腊人眼里，罗马人不过是一批颇为凶悍的乡巴佬，是一群永远不可能进入高雅的文明殿堂的野蛮人。同样，充满阳刚之气的罗马人起初也瞧不起希腊人，因为后者在熟透的文明氛围中变得越来越疲软不堪，充满了萎靡的气息。虽然罗马人后来逐渐受到希腊文化风气的浸润，但是二者在精神气质方面始终存在着巨大的差异。这种文化方面的差异、隔阂再加上后来出现的政治上的分裂（东、西罗马帝国）和宗教上的分野（东正教会和天主教会），导致了希腊与罗马在历史发展过程中的分道扬镳，终至衍生出东欧与西欧两种迥异的文明形态。

相比起坚实凝重的罗马文明来说，希腊文明具有明显的轻盈飘逸特点。形象地说，希腊人是一个仰望星空的民族，浪漫超逸；罗马人是一个俯抱大地的民族，功利务实。希腊土地贫瘠多山，不适合农耕生活，希腊城邦大多分布在海岸线上。希腊人在风景优美的爱琴海岸和小国寡民的城邦环境下，面对大海，养成了一种富于冒险和耽于幻想的浪漫性情。他们热爱美丽的事物，情感丰富，多才多艺，创造了许多没有实际用途却能够陶冶心智、愉悦性灵的务虚之物，如神话、文学、艺术、哲学等。相比起面对大海的希腊人，罗马人是一个坚守大地的农业民族，罗马文明发轫于台伯河冲积下的肥沃的拉丁平原。在坚实的大地上，罗马人一步一个脚印地耕耘收获和开疆拓土，在此过程中不断地建功立业，创造辉煌。这种艰辛的生存处境，使得罗马人从一开始就养成了不同于希腊人的民族性格。大体而言，罗马人的民族性格可以概括为如下几点。

罗马人的第一个特点就是质朴，这是一种农民特有的朴实。如果说经常面对波涛汹涌的大海容易使人对前景产生无法揣度的不确定感，从而养成一种自由奔放、富于幻想的浪漫性格；那么长期固守春种秋收的土地就会使人严格遵循四季变化的节律，按部就班地恪守农作规范，顺时而动，从而养成一种不尚玄想、因循保守的朴素性格。

罗马人的第二个特点是勇敢。与希腊文化的优柔的"美"感不同，罗马文化充满了刚劲的"力"度。从传说的时代开始，罗马人就自诩是"吃狼奶长大的民族"，其性格中始终透露出勇猛凶悍的特点。希腊人的所有文化形态，包括雕塑、建筑、诗歌、戏剧、奥林匹亚竞技会，乃至哲学，都流露出一种"和谐之美"，充满了优雅睿智的特征。相比之下，罗马人的建功立业（征服和建设）却始终表现出一种雄浑遒劲的"强悍之力"，充满了大气磅礴、汪洋恣肆的气概。如果我们把罗马历史分成两部分，前一部分是从罗马王政时期和共和国创建一直到屋大维开创元首制，乃至"五贤帝"的黄金时代，后一部分则是从康茂德时期到西罗马帝国的灭亡，那么这两部分的罗马历史俨然就像是一部悲喜剧，前半段充满了悲歌慷慨、激扬人心的英雄业绩，后半段则充斥着蝇营狗苟、卑污龌龊的斑斑劣迹。而罗马文明感召、激励后人的主要是前半段的悲壮历史，那些勇往直前、视死如归的英雄的故事构成了罗马文明中最耀眼的光辉。

罗马人的第三个特点就是严肃。罗马人不像希腊人那样浪漫优雅和富有情趣，而是显得古朴刻板，枯燥乏味。在开始接受希腊文化教养、效法希腊时髦风尚之前，罗马人俨然就是一群不谙文雅的乡巴佬，但是他们却保持着一丝不苟的严肃风尚。在老伽图的时代之前，罗马人以奋力笃行为荣，而以能言善辩为耻。他们端庄稳重、讷言慎行、恪守信义、坚忍不拔，言行一致地追功逐利，对于一切花哨的矫饰之举嗤之以鼻。一个希腊人往往是令人悦慕的，但同时也会给人以华而不实的感觉；一个罗马人却通常是令人望而生畏的，然而亦会滋生出几分敦实可靠的信赖。希腊人的浪漫性格造就了许多天才诗人，罗马人的严肃禀性却熔铸了无数勇猛战士。

希腊的诗人

罗马人的第四个特点是虔诚，这一点主要表现在罗马人对待宗教的态度方面。罗马人对宗教的虔诚与希腊人对神话（亦即宗教）的热爱是完全不同的，其结果也大相径庭。希腊人的神话

罗马的战士

充满了美感，他们对奥林匹斯诸神的热爱中产生出各种优美的文化形态，如史诗、竞技、雕塑、悲剧等；但是罗马人的宗教虔诚却非常简单朴素，他们信仰神祇主要就是为了维系家庭和壮大国家，祈望诸神保佑自己家族兴旺、五谷丰登和战争得胜。此外，罗马人的虔诚也同样表现在他们对法律的信守和对纪律的服从等方面。

研究罗马文化的中国著名专家朱龙华教授在《罗马文化》一书中对罗马人的这四种基本品质进行了综合评述：

"原来罗马统治阶级在这几百年间最需要的就是在军政方面能有所建树的人，他们的家庭教育着重品德培育也完全是为了这个目标。品德（virtus）一词的原意，就是指男子汉、大丈夫的气质（它出自 vir，男子），因此英勇为品德之首，神话中也把他们开国始祖罗慕路斯的父亲托于战神马尔斯之身。当然，假若只有英勇善战一种本领，还难以全面承担齐家治国的重任，何况勇武作为品德的内蕴，也太过简单，因此罗马人在长期探索中又总结出品德教育要培养的三大品格，即严肃（gravitas）、虔敬（pietas）和质朴（simplicitas），这三者再加上英勇，那就是罗马统治阶级理想的军政兼通的全才了。"

罗马民族的这些性格特征，以及那些充满狼性精神的古老传说，造就了罗马文化的英雄主义本色。在希腊，英雄业绩主要表现在浪漫虚构的神话传说中，如忒修斯、阿喀琉斯、赫拉克勒斯等传说人物的伟业；然而在罗马，英雄业绩就表现在以事实为根据的历史故事中，从王政时期的努马、共和国的奠基人布鲁图斯，一直到卡米卢斯、西庇阿、恺撒、屋大维等人，虽然关于他们的事迹难免带有一些夸张的成分，但是他们却是千真万确的历史人物。一部罗马人的历史，尤其是从王政时期一直到"五贤帝"时代的前半段罗马史，充满了悲歌慷慨、壮怀激烈的英雄业绩。为了国家的利益和个人的荣誉，也为了家族的发展，罗马人不惜舍身捐躯去建功立业，从而演绎了一段段可歌可泣的英雄故事。

罗马英雄主义的背后，潜藏着一个更加实质性的东西，那就是功利主义。这种功利主义关系个人的荣誉和家族的发达，也关系国家的利益，罗马人是在追功逐利的过程中创建出一个又一个的辉煌成就的。罗马第一大诗人维吉尔在其著名史诗《埃涅阿斯纪》中，讲述了罗马人的始祖埃涅阿斯从特洛伊城漂洋过海到拉丁平原创建基业的故事，在这部堪与荷马史诗《伊利亚特》和《奥德修纪》相媲美的伟大史诗中，维吉尔明确表述了罗马人与希腊人的文化差异：

"毫无疑问，别人会把青铜像铸造得精美无比，

会把大理石刻得栩栩如生，

会在法庭诉讼上说得头头是道，

会用规尺计量天体的运行，

会预告星辰的升起。

但你们罗马人呵，

却要牢记以威力统辖天下万民。

这正是你的天才所在——

在世界推行和平之道，

对驯服者宽宏大量，

对桀骜者严惩不贷。"

维吉尔在这里所说的"别人"就是指希腊人，因为在当时的西方，除了希腊人之外就没有其他可以参照的文明民族了。从这段诗句中可以看出，维吉尔认为罗马人与希腊人的文化差别就在于罗马人不会去搞那些花里胡哨、美轮美奂的精湛技艺，罗马人的特点就是用威力去征服世界和统治世界。

希腊人的个性自由与罗马人的整体秩序

德国著名的罗马史专家蒙森在《罗马史》一书中对希腊人和罗马人进行了精辟的比较研究。蒙森认为，希腊人和罗马人最初都是从北方迁徙过来的同一种族的两个分支，只不过一支来到了巴尔干半岛，另一支则进入了亚平宁半岛。由于二者在迁徙过程中走了不同的路线，其文化特色也由于不同的生存环境而逐渐分殊，终至形成了迥然相异的民族性格。这就如同"淮南为橘，淮北为枳"的情形，不同的文化土壤中生长出不同的文化果实。

蒙森强调，希腊人的文化中充满了个人主义精神，他们追求自由、追求美、追求独立。希腊人可以"为个人而牺牲全体，为一个城镇而牺牲一个国家，为一个市民而牺牲一座城镇"。希腊人的人生理想是追求一种美善的生活，他们耽于舒适的怠惰之中，在政治上为了追求个人和地区的独立而不惜弄得整个国家分崩离析。正因为如此，希腊人从来就没有建立过真正意义上的大帝国，雅典城邦效法波斯帝国建立霸权的野心很快就在伯罗奔尼撒战争中被撞得粉碎；至于后来建立幅员辽阔的大帝国的亚历山大大帝，他本人却是北方的马其顿人。与罗马人不同，希腊人似乎天生就缺乏整体意识，他们的个人意识过分强烈，乃至于他们始终都觉得整体或者国家可有可无。正因为如此，在希腊，每一个人的个性都得到了充分的发展，他们创造了各种闪烁着自由精神和灵性光芒的文化形态，但是其整个的政治状况却是那么不堪入目，各个城邦长期陷入鹬蚌相争、内讧不已的纷乱状态中。

相形之下，罗马人从一开始就表现出一种强烈的整体意识和家国情怀。对于罗马人来说，保家卫国和建功立业是人生的第一要义。作为一个务农和善战的民族，罗马人一生中所从事的主要事情就是劳作和征服。为了强化罗马族群的内部凝聚力，从远古时代开始，罗马社会就实行一种非常苛刻的父权制，后来又发展出极其残酷的奴隶制。早先，当罗马还处于小国寡民状态的时候，在构成社会基本细胞的罗马家庭中，父亲就享有绝对的，甚至是专制的权力。罗马人的父亲对孩子拥有生杀予夺的绝对权力，不论子女是否已经成家自立，都要服从父亲的绝对权威。父亲不仅可以自行将孩子处死，也可以把孩子卖掉。罗马第一部成文法《十二铜表法》里面就明确规定，父亲可以将孩子出售三次，如果三次没有成功卖出，孩子就可以获得自由。女儿不仅婚姻由父亲——父亡则由兄弟——一手包办，而且即使已经嫁人，父亲对她仍然具有极强的权威性。例如，公元前 449 年发生的维吉努斯当众杀死女儿维吉尼娅的事件（此事激起了罗马第二次平民脱离运动），固然是对暴虐贵族克劳狄乌斯的一种抗议，同时也充分说明了父亲对于子女所拥有的生杀大权。罗马宗教的基本宗旨，就是强化这种严苛的父权制，用神明的权威来加强父亲的权威。而这种父权制放大到社会层面，就形成了家族和社区中的严格的恩主–门客制度；再进一步放大到国家层面，就形成了统治阶层（贵族）和统治机构（元老院和执政官等国家官员）对于平民百姓的权威性。

希腊人强调个人的自由，因此在日常生活中表现出更多的宽容精神和弹性特点；但是罗马人的社会生活中却充满了不可伸缩的纪律与法律，萦绕着令人窒息的压抑氛围。希腊人注重个人的独立，罗马人注重整体的秩序，这一区别从他们的名字上就可以看出。希腊人的名字都是为了表现每个人的个性，而罗马人的名字却往往是为了突出家族的声望。希腊人一般都使用单名，如伯里克利、苏格拉底、亚里士多德等，其父名和家族名并不在自己的名字中出现。还有柏拉图等人，甚至以绰号为名（"柏拉图"意即"宽肩膀"或"大块头"，其本名为亚里斯多克勒斯），旨在张扬个人的特点，更是与父名和家族名毫无关系。但是罗马人，尤其是源远流长的罗马贵族，其名字通常由三部分构成，第一部分是本人名，第二部分是家门名（即特里布斯名），第三部分是父名或家族名。在公共社会中，罗马人最看重的是中间的家门名，一看便知道此人的门第出身、血脉渊源，是名门望族还是普罗大众。罗马有许多显赫的豪门贵族，如科尔内利乌斯、克劳狄乌斯、法比乌斯、埃米利乌斯、尤利乌斯等，令人一听名字就肃然起敬。而像马略这样的平民政治家，根本就没有中间的家门名（马略全名为盖乌斯·马略），别人一听其名就知道他属于暴发户式的人物。又如骑士出身的屋大维被恺撒指定为养子之后，他就把家门名改为显贵的"尤利乌斯"，同时也在家族名中加上了"恺撒"；后来他又被元老院授予了"奥古斯都"的称号，于是屋大维的全名就变成了"盖乌斯·尤利乌斯·恺撒·屋大维·奥古斯都"。要言之，罗马人的名姓注重弘扬家族传统，希腊人的名字却注重彰显个性特征，由此也可以看出这两个民族之间的文化差异。

希腊的神话与罗马的宗教

从神话或宗教的角度，亦可看出希腊人与罗马人的不同情趣。神话或宗教作为所有古老民族共同的童年教养，充分反映出不同民族的文化气质和特性。希腊人的神话中充满了美感，表现了一种不受道德和法律约束的自由率性。希腊奥林匹斯神话的最大特点就是"神人同形同性"，即神具有和人一样优美的形体，而且还具有人的七情六欲。正因为这样，诸神在希腊人眼里并不具有太多的尊严性和崇高性。虽然希腊的神灵也是高高在上的，希腊人也对他们顶礼膜拜，但是这些神经常会从奥林匹斯山上来到人间争风吃醋、拈花惹草，其结果是无一例外地生下了所谓的"英雄"（"hero"一词在希腊语中的原义即为"半神"）。相比之下，罗马的神明似乎有些不食人间烟火，神与人的历史素来都是泾渭分明的。神往往高高在上，并不参与人间的事务，更不会跑到凡尘中来追欢逐乐。罗马历史中所传扬的那些英雄人物，除了埃涅阿斯、罗慕路斯等传说始祖和神（维纳斯、马尔斯等）有着某种血脉关系之外，通常都与神明毫不相干。他们之所以成为英雄，并非因为他们身上流着神的血，而是由于后天的建功立业。

蒙森精辟地指出，希腊人使神具有了人性，从而也就否定了神的存在。因为一旦把神降格为人，那么神就不再具有任何神圣的感召力和威严性，从而不再成其为神了。在公共场所，希腊人崇拜的神明都是裸体的，神的优越性主要就体现在他们具有比人更加健美的肉体。而希腊人为了表示他们对神的崇拜，也会热衷于展现自己的裸体，希腊奥林匹亚竞技会和其他竞技会的比赛项目都是裸体的，各城邦的一些重大庆典活动往往也会举行裸体游行。据说亚历山大大帝在东征时经过古代英雄阿喀琉斯的墓茔，为了表示对后者的敬仰，亚历山大与同伴们在墓前进行了裸体竞赛。在希腊，神的裸体化一方面确实弘扬了美感和自由的特性，推动了人体造型艺术的长足发展，但是另一方面也导致了道德上的放纵和宗教信仰的衰落。当神被人剥光了衣服、整个肉体一览无余时，神的崇高威严也就荡然无存了。由此之故，神明的裸体化也极大地助长了希腊文化疲软颓靡的趋势。

希腊古代浮雕中的裸体竞技活动

雅典国立考古博物馆中珍藏的宙斯裸体雕像（公元前 5 世纪）

　　然而，罗马的神明形象却大不相同。在罗马人广泛接受希腊艺术风格的影响之前，罗马的神明都是穿戴整齐、仪态威严的，罗马几乎没有裸体的神像。那些被神化了的已故皇帝，其雕像往往也都是身着戎装，威风凛凛地矗立在罗马万神殿或以其命名的神庙中。同样，罗马人从小也和他们所崇拜的神明一样，一定要穿衣遮体，他们认为裸体会使人丧失羞耻之心，从而导致道德的败坏。罗马人的公众场合中，很少会有裸体运动，半裸着身体表演格杀活动的往往都是下流社会的角斗士和奴隶。尼禄皇帝曾经想把希腊的奥林匹亚竞技会引入罗马，但是很快就不了了之。至于罗马的公共场所越来越多地出现了裸体的神明塑像，那是在深受希腊文化的浸润濡染之后的事情，大体上是从尼禄、图密善、哈德良等皇帝的时代才开始的。

虔诚是罗马人的基本性格之一，一直到共和国末期，罗马人在日常生活和宗教活动中都始终如一地表现出明显的虔诚意识和敬畏精神。他们敬畏父亲、敬畏恩主、敬畏建功立业的英雄，当然更敬畏高高在上的神灵。罗马人从来不会从宗教信仰中发展出那些文绉绉的、无聊的东西，如文学、艺术、竞技活动等，对于他们来说，宗教的重要意义就在于维护伦理规范和保佑功利进取。他们注重的不是宗教的美感和文艺衍生品，而是宗教的实用性和社会功能。

人们通常把希腊人的奥林匹斯崇拜称为"神话"，而把罗马人的古老信仰称为"宗教"。实际上，神话和宗教的内容是一样的，但是这两个概念的意蕴却有着很大差别。希腊人的神话充满了自由的美感，衍生出各种美轮美奂的文化形态；罗马人的宗教则刻板僵化，构成了罗马人行动方式的基本规范，在拉丁语中，"religio"（宗教）一词意为对人的"约束"。时至今日，"希腊神话"仍然象征着一种童年的梦幻，充满了美丽轻盈、自由浪漫的特点；然而一说起"罗马宗教"，就容易使人产生一种沉重的责任意识和压抑感。希腊充满了美感和性灵的诸神一到了罗马人那里，就变得索然无味。诚如黑格尔所言，罗马人说到诸神的名字，就像商人数起自己的钱财一样冷漠无趣。既然拉丁语的"religio"就是指一种约束，那么一个人如果信仰了一种宗教，就必须接受它的约束和规范。因此，虽然后来罗马人对希腊诸神（以及其他被征服民族的神祇）兼收并蓄，加以膜拜，但是那些充满灵气、美丽可爱的希腊神明一旦被供奉到巍峨的罗马万神殿中，立即就变成了面目冷峻、令人生畏的"郁垒神荼"。

通过以上的比较，可以明显地看出这两个民族的不同特点。希腊人追求个性、自由和美，罗马人则注重整体、功利和力。希腊人通过文化传播来实现相互认同，早先是通过荷马史诗和各种叙事诗来开启最初的教养，到了城邦时代，希腊人则通过生长于神话土壤之上的竞技、艺术、悲剧及哲学等文化形态来进行相互沟通，从而使整个希腊文明都呈现出一种艳丽的美感。然而罗马人起初却对这些文雅的东西不屑一顾，他们缺乏这种阳春白雪的品位，且对这些令人意志消沉的柔靡之物多有贬抑。对于罗马人来说，整个生活就是一场开垦和战斗，他们热衷的事情就是用犁和剑来征服大地，然后再用路与法来治理万邦。从结果来看，希腊人用"美"装点了世界，罗马人却用"力"征服了世界。然而，当罗马人用武力征服了地中海世界之后，他们就要开始面对希腊柔美之物的潜移默化的反渗了。

第 II 节

罗马人英雄主义的精神氛围

罗马早期的英雄故事

早在共和国初期甚至王政时期，罗马人中间就开始传颂关于祖先的各种英雄故事，这些故事与吃狼奶的传闻一样古老，从文明产生伊始就日濡月染地塑造罗马人的勇猛凶狠的民族性格。在后来的发展过程中，这些故事又不断地被润色和渲染，其中既有真实的历史根据，又添加了不少夸张的成分，它们最后演变成为一个个可歌可泣的英雄传说，激励着后世罗马人的勇猛精神和顽强意志。

罗马人的英雄故事与希腊人关于神和英雄的传说完全不可同日而语。希腊的诸神居住在奥林匹斯山上，他们虽然与人同形同性，并且经常到人间来拈花惹草，却是与人不同的另一个物种。神是不死的，人必有一死；人不可能变成神，神也不可能变成人，神与人之间存在着一条不可逾越的鸿沟。至于神与人相结合而产生的英雄，由于其身上流淌着神的血，所以其行为方式也与一般人大不相同。希腊英雄之所以是英雄，就是因为他们具有神的血统，那些著名的大英雄如忒修斯、赫拉克勒斯、珀尔修斯、阿喀琉斯等，都可以追溯出一个神的渊源。由于先天的遗传因素，希腊的英雄从一出生就注定了必为英雄，例如大英雄赫拉克勒斯，婴儿时期就用双手扼杀了赫拉派来的一条巨蛇，这绝非一般人所能做到的。至于英雄们后来斩妖除魔，视死如归，那就更加彰显了英雄本色。

但是罗马的英雄却是活生生的现实人物，除了埃涅阿斯、罗慕路斯等始祖之外，罗马英雄的身上并没有流淌着神的血液。他们之所以成为英雄，完全是因为其卓越的个人表现。罗马人注重家族的传统，却没有人会炫耀自己的家族与某位神明存在着血缘关系。实际上，关于埃涅阿斯乃是维纳斯之子的传说，也是出于强化屋大维现实统治的需要而刻意营造出来的。罗马大诗人维吉尔投其所好，在史诗《埃涅阿斯纪》中将屋大维和尤利乌斯家族的历史一直上溯到罗马人的始祖埃涅阿斯，又将埃涅阿斯的血脉追溯到维纳斯。这样一来，就把罗马帝国统治者的家族渊源与神联系在一起了。这种春秋笔法就和司马迁在《史记》中把市井之徒刘邦与真龙天子勾连起来的做法如出一辙，试看《史记·高祖本纪》中的这段生花妙笔：

　　　　"高祖，沛丰邑中阳里人，姓刘氏，字季。父曰太公，母

勒死巨蛇的希腊英雄赫拉克勒斯

曰刘媪。其先刘媪尝息大泽之陂，梦与神遇。是时雷电晦冥，太公往视，则见蛟龙于其上。已而有身，遂产高祖。"

罗马的英雄或许与家族的优秀传统有关，却与先天的神圣血缘无涉。在罗马历史上流传的许多英雄故事一般都确有其事实根据，而不像希腊的英雄传说那样纯属文学杜撰。当然，罗马的英雄故事中亦不乏后世的渲染色彩，但是其基本内容仍然是真实可靠的。罗马人从小就是听着这些根植于历史事实的英雄故事而成长的，就像希腊人是听着天方夜谭般的神话传说而成长的一样。这些有案可稽的英雄故事陶冶了罗马少年儿童的纯净心灵，培育了他们勇往直前、不屈不挠的奋斗精神。尤其是罗马名门望族的孩子们，从小就在心中孕育了像先辈一样建功立业、创造辉煌的英雄气概。

前面已经说到，罗马权贵家族出身的子弟，要想子承父业，跻身政坛，一般需要具备三个条件。其一是家族的背景，这种先天的优势对于名门望族之后来说是与生俱来的。其二是个人的优异表现，包括杰出的政绩和卓越的军功，这种后天的业绩在很大程度上就是在早年所培育的英雄主义理想的激励下创建的。当那些出身名门的后起之秀在战场上冲锋陷阵、杀敌建功时，他们耳边始终回响着前辈英雄的呼唤感召。其三是人民的拥戴，它主要是建立在民众对当事者的英雄业绩的普遍认可和衷心崇拜的基础上。

早在罗马草创之初，吃狼奶长大并在死后被神化了的"祖国之父"罗慕路斯就为罗马人树立了最初的英雄典范。其后的国王努马、图鲁斯、塞尔维乌斯等人也创立了各有千秋的英雄业绩。例如图鲁斯首开其端的对外扩张中，发生了罗马的贺拉提乌斯三兄弟与阿尔巴的库里亚斯兄弟生死对决的故事。三兄弟的英雄气概在雅克－路易·大卫的名画《贺拉提乌斯三兄弟的誓言》中跃然而出，他们舍生忘死、坚忍不拔的勇敢精神鼓舞了一代又一代的罗马子弟兵。

到了共和国创建之后，罗马又出现了布鲁图斯大义灭亲和以身殉职的英雄故事，这个事迹甚至影响了 400 多年以后马可·布鲁图斯和德奇姆斯·布鲁图斯刺杀恺撒的事件。据说马可·布鲁图斯（也可能是德奇姆斯·布鲁图斯）在跟随恺撒出入罗马闹市时，会听到人们指着他的脊梁骨说道："布鲁图斯，布鲁图斯，你简直就不是布鲁图斯！"言中之意即"你追随野心勃勃的恺撒，为虎作伥，辱没了共和国创建者布鲁图斯家族的高贵称号"，这种谴责成为促使布鲁图斯毅然刺杀恺撒的重要动力之一。更有甚者，老布鲁图斯和两位年轻布鲁图斯的英雄事迹又不断地感召着后世的仁人志士，乃至于又过了 1 800 多年，在法国大革命期间，一位名叫夏洛蒂·科黛的女青年刺杀了大力推行恐怖政策的"人民之友"马拉。当这位女孩子被送到革命法庭接受审判时，她坚称自己是受了布鲁图斯刺杀暴君恺撒的影响，才将身患皮肤病的马拉刺杀于药缸之中。

雅克 – 路易・大卫:《 马拉之死 》

在共和国早期，像老布鲁图斯那样为国效命的英勇事例不胜枚举，例如罗马勇士贺拉提斯一人据守台伯河大桥、力挫维爱入侵者的故事（类似于中国《三国演义》中张飞"当阳桥头一声吼"的英雄壮举），辛辛那图斯临危受命、出任独裁官打败强敌而释权归隐的故事，特别是穆奇乌斯焚手明志的故事，更是具有激昂人心的巨大力量。

　　罗马王政时期的最后一个国王"骄傲者"塔克里乌斯被推翻后，跑到北方请求伊特鲁里亚国王波尔塞纳派兵助其复国。于是波尔塞纳率军前来攻打罗马，一位名叫穆奇乌斯的罗马青年和几个同伴自告奋勇去刺杀波尔塞纳国王。由于计划不周，穆奇乌斯行动失败并被俘。面对波尔塞纳国王的严刑逼问，穆奇乌斯坚贞不屈，当他看到旁边有一个燃烧的火盆时，便伸出双手放在火焰上焚烧，以此来表示自己宁死也不会招出同伙的决心。波尔塞纳国王见此场面也深受感动，最后下令释放了穆奇乌斯。

18 世纪法国启蒙思想家卢梭在《忏悔录》一书中曾经写到穆奇乌斯焚手明志的故事对于自己童年时代的深刻影响，正是这些悲歌慷慨的罗马故事激起了他幼小心灵中的英雄情怀。今天罗马卡庇托尔博物馆的墙壁上，仍然画着这些可歌可泣的英雄场景，供后世的参观者们凭吊景仰。

贺拉提斯力挫群敌

穆奇乌斯焚手明志

共和国中后期的英雄故事

到了共和国中期以后，罗马英雄故事更是层出不穷，高潮迭起。例如，在公元前 390 年高卢人入侵罗马的事件中，除了高卢首领布伦努斯的霸道名言"战败者活该倒霉"以及罗马大英雄卡米卢斯"我们罗马人从来只会用铁，而不是用黄金来缔结和约"的豪言壮语之外，还有一个感人至深的故事，那就是一批年纪老迈的罗马元老在高卢人的屠戮之下"威武不能屈"的悲壮举止。李维在《罗马史》中这样记载道：

> "在安排好了形势所许可的一切保卫神殿的布置后，老年人各自回家，视死如归，等待敌人的到来。所有曾担任过高贵官职（指有资格坐象牙椅的高官）的人都决定佩上标志着他们以前的地位、荣誉和称号的勋章来迎接他们的命运。他们穿上了他们在驾驶神车时或在凯旋式中驾车入城时所穿的华丽的衣服。在如此盛装后，他们就在他们房前端坐在象牙椅上。有些著者记载，他们在大祭司长马可·法比乌斯的领导下背诵着庄严的誓词说，他们誓为祖国和同胞奉献出他们自己的生命。……
>
> "高卢人……穿过敞开的哥林城门，来到了市内广场，向周围观望各种神庙和城寨……平民的房屋都设栅阻塞，贵族的大厦却门户洞开。但是他们对进入敞开的房屋比进入紧闭的更

加踌躇不决。他们以真正崇敬的感情端详着坐在他们府第的门
廊中的人，不但因为他们的礼袍及整个装束都非凡地华丽庄严，
并且因为他们仪表威严，神态肃穆，恍若天神。因此高卢人兀
立凝视着他们，仿佛他们是塑像一般。一直到后来，据说有一
个高卢人摸了贵族马可·帕庇略的胡子（当时胡子一般都留得
很长），后者就用他的象牙杖打那个高卢人的头，激怒了他。
他是第一个被杀的。其他的人在他们的椅子上遭到了杀戮。在
这次屠杀贵族之后，高卢人没有留下半点生灵，他们抢光了房
屋，然后又放火焚烧。"

除李维之外，罗马很多历史学家都转述过这个英雄场面，其
应该属实。而关于卡米卢斯阻止罗马人与高卢人的赎金交易，甚
至擒杀布伦努斯重演"战败者活该倒霉"的传说，无疑是杜撰之
辞，但是这位被称为第二个"祖国之父"的大英雄后来果然率领
罗马军队打败了高卢人，把这些野蛮人赶过了卢比孔河以北，这
却是千真万确的历史事实。

在接下来的对外扩张过程中，越来越多的罗马英雄不断地发
扬传统、激励后人，演绎了一个又一个留名青史的悲壮故事。例
如在皮洛士战争中，年迈失明的阿皮利乌斯"决不与侵占罗马国
土的外国军队缔结和约"的坚定决心；布匿战争中雷古鲁斯一诺
千金的信义精神，法比乌斯百折不挠的顽强意志，大西庇阿"师
敌制敌"的高超战略以及与敌帅汉尼拔惺惺相惜的崇高品性，老

伽图称"迦太基必须毁灭"的豪迈气概，小西庇阿胜而不骄的千古忧思，等等，都在感染激荡着后世罗马人的英雄情怀，并且还在单纯的勇武威猛之外又增添了几分崇高典雅的文明素养。

再往后，到了罗马内讧和内战时期，开疆拓土的博大胸怀蜕变为争权夺利的个人野心，但是英雄气节依然不改。无论是为民请命的格拉古兄弟，还是以集权方式来实现个人政治抱负的马略和苏拉，都同样表现出创建功勋、追求卓越的英雄气概。格拉古兄弟"壮志未酬身先死"，以杀身成仁的方式重现了罗马人的雄浑古风；马略为权疯癫而亡、苏拉功成急流勇退，同样都被一种"光荣梦想"驱策，只不过成败和结局不同罢了。到了"前三头"和"后三头"时代，许多罗马人更是谱写了一曲曲英雄主义的慷慨悲歌。克拉苏父子试图重振亚历山大征服东方的理想，最终不幸血溅沙场，共赴黄泉；庞培一生屡建战功、英名盖世，未曾料在法尔萨卢战败后亡于东方谗佞小人之手；小伽图铁骨铮铮，为捍卫岌岌可危的共和国不惜以卵击石，在兵败势衰的情况下以极其酷烈的方式自戕而殁。威武不屈的小伽图身披托加、手持利刃的全身塑像至今仍然挺立在法国卢浮宫博物馆的庭院中，其家族也是一门忠烈，一双儿女皆因布鲁图斯刺杀恺撒之故而分别战死疆场和吞炭自尽。

小伽图的外甥及女婿马可·布鲁图斯更是由于刺杀恺撒和杀身成仁而名垂千古，激励了后世无数反对暴政的自由斗士。尽管恺撒对布鲁图斯多加提携、恩重如山，这位"共和国的最后卫士"仍然义无反顾地刺杀了恺撒。后来，布鲁图斯又严词拒绝了西塞罗让他与屋大维联手对付安东尼的请求，明确表示自己刺杀恺撒决不是为了去接受另一个"仁慈的主人"（指屋大维）。布鲁图斯反对的不是恺撒，而是任何一个试图颠覆共和国的人，哪怕这个人是自己的父亲或好友！ 18 世纪法国思想家孟德斯鸠对这种忠诚精神评价道："这是对祖国的一种主导的爱，这种爱脱出了罪恶和美德的常规，它所服从的只是它自己，它是不管什么公民、朋友、好人、父亲的：美德正仿佛是为了超越自己才把自己忘掉的。"在腓力比决战之前，布鲁图斯曾给一位好友写信，表示自己在即将发生的决战中"要么获胜以恢复罗马人民的自由权利，要么死亡以免于奴役的生活"，决不会苟且偷生。在最后决战兵败之后，抱定必死决心的布鲁图斯拒绝了将士们劝他逃跑保命以图东山再起的建议，他与朋友们一一作别，欣然赴死。普鲁塔克对上述诀别的情景描写道：

> "他对每个人伸出他的右手，面露高兴的神色向大家说了下面一番话：他认为所有朋友从始至终对他忠心耿耿，使得他了无遗憾；如果他对命运乖戾感到气愤，那也是为了国家。就他本人而言，他认为他比起那些获得胜利的人更为幸福，不仅是前面这些日子，就是目前的状况亦复如是。他之所以能够死而无憾，在于他能留下美德所建立的名声，这是征服者用武力和财富所不能获得的成果……"

与布鲁图斯的英雄壮举相联系的还有卢西留斯（Lucilius）的故事。卢西留斯是布鲁图斯的挚友，在布鲁图斯与安东尼、屋大维决战落败后，他利用自己的相貌与布鲁图斯相似，假冒撤退的主帅而被敌方捕获。

安东尼将俘获的卢西留斯带到军帐中时，心中非常得意，以为自己抓住了布鲁图斯。但是卢西留斯却表明了自己的身份，他对安东尼说道："你永远都不可能生擒布鲁图斯！"言中之意即布鲁图斯必定是不成功便成仁，决不会成为敌人的阶下囚。结果，安东尼不仅没有对扮作替身的卢西留斯进行责罚，反而为自己得到了一位忠诚的新朋友而深感高兴。后来当安东尼与屋大维进行生死决战时，卢西留斯一直忠实地效命于安东尼，最后为他殉职而死。

以上这些悲歌慷慨的罗马英雄故事，世世代代在罗马人中间传颂弘扬，怎能不激起后辈子弟们杀敌立功、视死如归的豪迈气概？虽然这些故事难免带有暴力和血腥的特点，但这恰恰是狼性民族的英雄本色。这种充满了狼性特点的英雄主义既发扬了舍生忘死的崇高美德，也透露出追功逐利的行为动力。一代又一代罗马人就是在功利主义和崇高美德的激励之下，不断地创造光荣，展现出一种气势磅礴的"强悍之力"的。

罗马人的凯旋式

希腊人一生中最荣耀的事情就是能够在奥林匹亚竞技会上获得锦标（即竞技项目的冠军），戴上象征荣誉的橄榄花冠。罗马人一生中最宏伟的理想则是举行凯旋式，彰显自己的赫赫战功。尤其是出于豪门、跻身政坛的罗马贵族子弟，更是以一生能够举行一次盛大的凯旋式为人生鹄的。

早年的许多罗马英雄都因为在抵御外敌或对外扩张中取得了卓越的功勋，经元老院批准而举行场面恢宏的凯旋式，从而登临人生的巅峰。卡米卢斯一生因攻占维爱、打败高卢人等赫赫军功而举行过四次凯旋式，打败汉尼拔的大西庇阿、获得马其顿战争决定性胜利（皮德纳战役）的埃米利乌斯·保卢斯、毁灭迦太基的小西庇阿等罗马军事统帅，都曾因为伟大的胜利而举行过凯旋式。再往后，征服北非和抵御辛布里人的马略、打败米特拉达梯六世的苏拉、重挫本都王国的卢库鲁斯也都举行过凯旋式（马略还不止一次）；甚至连文官出身的西塞罗，也在卸任西里西亚总督后被元老院授予了举行凯旋式的荣誉，但是这位资深元老却知趣地谢绝了这份殊荣，因为他深知凯旋式的荣誉往往只授予那些驰骋疆场、杀敌建功的将军。罗马首富克拉苏一生最大的遗憾，就是未能举行过一次凯旋式（平定斯巴达克斯起义只是让他享受了一次规模小得多的凯旋式），这种遗憾后来成为断送其性命的重要原因。相比之下,"伟大的庞培"却在一生中分别因征服北非、西班牙和叙利亚而举行了三次凯旋式,作为罗马男儿,他的人生之辉煌已臻于顶点。而有着雄才大略的恺撒更是在消灭庞培势力、统一罗马帝国之后,一口气举行了四个凯旋式,庆贺其在十多年时间里相继征服了高卢、埃及、小亚细亚和北非等地,每个凯旋式都是实至名归。公元前 46 年,当大功告成、天下尽收的恺撒在为期十天的盛大凯旋式上头戴月桂花冠、驾驭驷马高车接受无数民众的欢呼膜拜时,罗马英雄的人生卓越理想可谓是得到了淋漓尽致的体现。与此等巅峰荣耀相比,不久后的遇刺身亡也就算不得什么遗憾了!

在共和国时期,按照罗马法律规定,从北边的卢比孔河一直到最南端的布林迪西和雷焦的整个意大利地区都是不允许驻军的(马略进行军事改革之前罗马根本也没有常备军)。每当与外敌开战,军队都是由元老院临时下令征召,由执政官统领开赴国外打仗;战争结束后,军队在进入意大利之前即予以解散,士兵解甲归田。作为国家首都的罗马更是不允许军队进入,只有一种情况例外,那就是举行凯旋式。

每当举行凯旋式的时候,已经解散了的士兵们重新按照战时编制在罗马城外集结。他们全副武装,精神抖擞,押解着敌国的显贵战俘和人质,装载着数量惊人的金银财宝等劫掠品,簇拥着凯旋将军的战车进入罗马城。凯旋将军驾驭着四匹白马拉拽的战车,头顶月桂花冠,英姿勃发。整个凯旋队伍在仪仗队的开道下，浩浩荡荡地从罗马城门进入，在无数民众的夹道欢呼下，穿过罗马的主要街道，一路奔向卡庇托尔山，最后隆重地把这些战利品敬献到朱庇特神庙中。这种辉煌的场面，尤其是驾驭驷马高车的凯旋将军，成为罗马青年，尤其是豪门子弟梦寐以求的理想。罗马年轻人从小就是听着那些激扬人心的英雄故事、看着如此恢宏壮观的凯旋场面成长的，从而在心灵中树立了建功立业的宏伟抱负。

到了共和国末期和帝制早期，虽然罗马政坛上的主角已经用个人的权欲取代了共和的理想，但是那种建功立业和杀身成仁的英雄主义理想仍然得以传承。罗马人普遍认为，身为男儿，若不能疆场建功荣享凯旋，则必当马革裹尸以身殉国。这种充满阳刚之气的英雄主义理想是促使罗马帝国不断壮大并且得以长治久安的一个重要的精神因素。然而，到了帝制的中后期，随着帝国疆域的饱和以及东方财富和生活方式的渗透，气势雄浑的英雄主义就逐渐蜕变为奢靡颓废的享乐主义了。"拉紧弓弦的阿波罗"日益演化为"拉紧琴弦的阿波罗"，折戟弃盾的希腊人和东方各民族开始用柔美的阿佛洛狄忒（维纳斯）来消磨罗马披甲之士的勇武精神。

罗马凯旋式组图之一、之二、之三

罗马英雄主义与功利主义

在罗马共和国时期，为了政治理想和个人名誉而杀身成仁的例子不胜枚举。对于当时的罗马人来说，荣誉和声望是比财富和地位更加昂贵的东西。但是这种英雄主义背后，一直隐藏着一种更深层次的功利主义诉求，即把权力看作比荣誉更加重要的东西。例如恺撒在公元前 61 年出任西班牙总督期满返回罗马时，他就面临着彰显荣耀的凯旋式与执掌权力的执政官之间的两难抉择，深谋远虑的恺撒最后选择了权力而放弃了荣耀，由此开启了缔结"三头同盟"、问鼎权力巅峰的人生成功之路。一直到十多年后，恺撒打败了庞培和元老院，掌握了共和国的独裁权力，才弥补了当年忍痛割舍荣耀的遗憾，一连举行了四次凯旋式。

在罗马英雄主义的理想之中，荣誉与功利（权力、利益等）是相互砥砺、彼此激荡的。罗马人固然把荣誉看得极重，但是在珍视荣誉的背后总是存在着对功利的追求。因此，罗马人一方面出于传统美德的驱策而建立功勋、报效国家，另一方面则在创造光荣的同时追逐功利，满足权力和利益方面的要求。

与希腊英雄传说的虚构背景——希腊人与特洛伊人、马人、阿马宗人（Amazon，一译亚马逊人，黑海之滨的一个女人部落）等的冲突——不同，罗马英雄主义直接与罗马人的家族荣誉、功利追求和国家发展紧密相关。这些英雄故事就发生在自己的家族祖先身上，这些先贤的蜡模面具还分明供奉在家族的壁龛之中。因此，这些故事就不只是一段虚无缥缈、神奇浪漫的美丽传说，仅止于陶冶性灵，而是直接影响到人们的现实生活，涉及家族的血脉传承和国家的兴旺发达。由此可见，罗马英雄故事直接起到了加强人们的家族维系和国家认同的现实作用。

从一开始，罗马的英雄主义和功利主义就是紧密地联系在一起的。在罗马共和国时期，这种功利主义在传统美德和家国情怀的驱动下，表现为一种悲歌慷慨的英雄主义。但是到了罗马帝国时期，一方面由于罗马版图趋于稳定，英雄已无用武之地；另一方面，随着罗马"公民"日益沦为帝国"臣民"，人们的建功立业激情也逐渐熄灭。更重要的是，在源源不断的外省财富的腐蚀之下，尤其是在东方奢靡颓废的享乐主义生活方式的浸润之下，罗马主流社会一头堕入了醉生梦死的温柔乡，英雄主义理想也就荡然无存了。在这种情况下，功利主义就蜕变为恣睢放纵的享乐主义，罗马人逐渐丧失了气吞山河的英雄情怀，日益蜕化为声色犬马的颓靡之徒。

罗马的历史可以划分为两段对照鲜明的悲喜剧史：前半段历史悲歌慷慨、壮怀激烈；后半段历史则是纵情声色、极尽奢靡。然而，虽然前后两段历史犹如有天壤之别，却一以贯之地保持着同一种文化风格，同样表现出一种坦荡豪放的大丈夫气。换言之，这两段历史在"力"度上始终是成正比的——早先的罗马英雄主义有多么的气势恢宏，后来的罗马纵欲主义也就有多么

庞贝古城遗址中反映罗马人宴饮情形的壁画

的肆无忌惮。戏谑地说，即使是罗马人后期的声色犬马，也带有几分坦荡率直的"英雄"气概，只不过罗马人已经把英雄主义得以施展的场所从刀光剑影的战场变成了酒肉声色的宴饮场和大浴场。无论是在战场上还是声色场上，罗马人都表现出一种充满"力"度的豪迈特点，从来都是无所顾忌和勇往直前的。与中世纪罗马天主教会神职人员偷偷摸摸、蝇营狗苟的堕落行径相比，罗马人在纵欲主义方面不仅气吞万象（这是罗马帝国的富庶和强大所致），而且表里如一，无所顾忌地享受着人间的一切快乐。

狼即使是在堕落的时候，也保持着鲜明的狼性，始终不失其贪婪和勇悍的特点。这种随心所欲、尽情享乐的率性特点，仅从罗马帝国时代气势如虹的竞技场和大浴场中就可见一斑。

　　罗马人的文化福利主要表现在两个方面，一个是观赏古老的角斗和斗兽活动，另一个就是公共浴场的洗浴活动。从共和国后期开始，尤其是在帝制时期，罗马的统治者们都热衷于修建气势磅礴的竞技场，或者规模宏大的大浴场，以取悦于平民百姓。正如同竞技场具有诸多功能，可以展现角斗、猎兽、赛车甚至海战等激烈场面一样，大浴场也具有一些文化功能，附带有图书馆、健身房、艺术中心、休闲庭院等设施，后来甚至连风月场所也设置在大浴场内。人们可以从韦斯巴芗修建的科洛西姆竞技场见识到罗马人的英雄气概，同样也可以从卡拉卡拉浴场或戴克里先浴场中领略到罗马人的放纵之风。

　　罗马人在竞技场和大浴场中所表现出来的那种汪洋恣肆的恢宏气度，一方面令其他民族难以望其项背，另一方面也让人们多有鄙夷。这种情形就如同罗马人早年在战场上所表现出的勇猛凶悍精神，一方面让其他民族望而生畏，另一方面也给人以野蛮粗鄙之感。无论是早先的英雄主义，还是后来的纵欲主义，同样都充满了"力"和"利"的特点，都是罗马文化一剑两刃的表现形态，彰显着功利主义的精神特质。

卡拉卡拉大浴场遗址局部

希腊文化对罗马社会的浸润

如果说罗马共和国是英雄主义的摇篮，那么罗马帝国就是英雄主义的墓茔。换言之，罗马功利主义早先表现出建功立业的英雄主义，后来则表现为追欢逐乐的纵欲主义。特别是到了罗马帝国时期，由于开疆拓土活动的停滞和东方文化的浸染，罗马人逐渐堕入声色犬马、纸醉金迷的享乐生活中。在这方面，公元 1 世纪的罗马暴君尼禄就是一个重要的标志性人物。这位皇帝一方面秉承了罗马传统的残暴本性，另一方面却大力倡导优美的希腊文化，试图用希腊高雅的诗歌琴艺和体育竞技来取代罗马野蛮的斗兽角逐，同时也把东方柔靡放纵的生活方式引入罗马社会。对于当时的大多数罗马人来说，尼禄的做法是令人反感的。因为罗马人的娱乐活动一定要充满了刀光剑影，要有血腥味，那是对战争场面的真实再现，而尼禄所倡导的东西却带有几分娘娘腔的疲软味道，这是与狼性民族的精神气质相悖逆的。但是随着东方文化对罗马社会的浸润日深，在功成名就的悠然状态中百无聊赖的罗马人越来越对这种令人舒适的疲软之风情有独钟，甚至趋之若鹜。于是，亚历山大大帝之后的希腊民族的历史命运——在歌舞升平、醉生梦死的幸福状态下日趋沉沦——就开始悄无声息地降临到威武勇悍的罗马人的头上。

从希腊文化形态对罗马的渗透过程来看，率先流入罗马社会的是希腊人的辩证法和辩论术。自从与文明的希腊人有了较多接触之后，木讷的罗马人就对希腊人口若悬河的雄辩能力颇为钦佩。据说在公元前 2 世纪上半叶，雅典曾经派了几位演说家来到罗马进行演讲。其中一位演说家巧舌如簧、雄辩滔滔，他第一天在讲台上阐述了一个哲学观点，第二天又讲了一个与昨天所述正好相反的哲学观点，第三天则讲了一个介乎二者之间却又超越其上的观点。这种希腊式的辩证法弄得听演讲的罗马人目瞪口呆，他们没想到一个人嘴里竟然可以说出这么奇妙的道理来！对于普通罗马人来说，他们平时只擅长行动，并不在乎如何讲话。

由于政治生活的需要，从公元前 2 世纪开始，罗马人越来越热衷于学习和效法希腊的辩论术。当时很多权贵门第的年轻人都会到希腊去师从雄辩的哲学大师，一些殷富之家也会聘请希腊的著名学者来做家庭教师，从小西庇阿、格拉古兄弟到西塞罗、恺撒等人都有过这样的经历。但是罗马人起初仅仅是出于功利方面的目的——政治辩论的需要——学习希腊的辩论术和修辞学，他们对于希腊的文学、艺术、竞技以及生活风习却并无兴趣，甚至多有贬抑，认为这些东西对于崇尚阳刚之气的罗马社会来说并没有什么积极意义。

但是从共和国末期开始，罗马人就逐渐对希腊的诗歌琴艺、戏剧表演以及体育竞技感兴趣了。尤其是尼禄本人大力推崇希腊文化，利用皇帝的权力引入希腊高雅的艺术形态和奢靡的生活方式，使其在罗马社会中生根发芽。后来又经过图密善、哈德良等喜爱希腊文化风格的皇帝们的进一步推动，日益文明化的罗马人也对优雅的希腊文化和奢靡的东方生活方式转变了态度。如果说尼禄推崇希腊文化还曾一度遭到了罗马权贵人士的反感和抵制，那么到了哈德良时代，希腊文化已经越来越被罗马上流社会趋奉逢迎。罗马帝国时代的一部关于哈德良的传记作品《皇帝传》中这样写道：

　　"皇帝在诗歌和文学方面修养极高，同时，对数学、几何
学及绘画的理解也有相当高的水平，他还热衷于学习演奏乐器
和唱歌的技巧，而且从不背着人偷偷练习。"

　　哈德良皇帝尤其热衷于希腊的建筑风格，他把这种优美秀丽
的东方风格与罗马传统的建筑规范融为一体。此外，他也是第一
个公开蓄起希腊式卷发和络腮胡须的罗马皇帝（以前尼禄也曾蓄
过希腊式须发，但因遭人诟病而放弃），并把这种风气传给了后
来的皇帝们。更有甚者，热衷于希腊文化风格的哈德良也公开表
现出恋童癖，在后世的博物馆中，经常出现在哈德良雕像旁边的
不是他的妻子萨宾娜，而是其迷恋的希腊美少年安提诺乌斯的雕
像。正如盐野七生所言："只要热爱希腊文化，就会爱上美少年。"

　　自此之后，希腊的文雅之风和柔靡之习就日益深入地渗透罗
马社会，对罗马人传统的质朴、勇敢、严肃、虔诚等民族性格产
生了潜移默化的腐蚀作用。罗马人日益沉溺到奢靡放纵的享乐主
义之中，并且由于狼性的犷悍基因而在堕落方面达到了登峰造极
的程度。

　　后世的西方人有一种矫饰之辞，他们认为埃及、巴比伦、波
斯等东方民族的阴柔秀美的文化风气和奢靡放荡的生活方式曾经
先后腐蚀了两个伟大的西方民族：首先腐蚀了希腊人，使得希腊
化时期的希腊人逐渐在东方风气的浸润下走向堕落；然后又开始
腐蚀罗马人，致使罗马人重蹈希腊人之覆辙。而且罗马人不像希

腊人那样富有高雅的文化品位和内蕴，希腊人在堕落时多少还带有几分美感，而罗马人一旦堕落起来，就没有了任何底线，纯粹是放浪形骸、极尽人欲。这个充满了狼之贪婪和率性的民族，在悲歌慷慨的英雄主义方面创造了登峰造极的辉煌，在声色犬马的纵欲主义方面同样也表现出空前绝后的恣肆。

第 II 章

罗马的宗教

宗教信仰对于古代的任何民族都是非常重要的，罗马当然也不例外。在罗马草创之初，宗教就成了一种维护家庭稳固、推动国家发展的有力工具。当法律尚未制定和健全的时候，人们就是依靠宗教信仰来维系基本的家庭秩序、社会规范和国家认同的。前面已经指出，罗马人的民族性格之一就是虔诚，可以说罗马人在建功立业方面所取得的巨大成就，与他们对待宗教的虔诚态度紧密相关。罗马人的宗教虔诚一方面确立了家长的权威和贵族的统治，另一方面也维系了子嗣部属的忠诚和平民百姓的向心力。在罗马王政和共和国时期，宗教因素始终都是维护社会稳定和推动国家发展的重要精神力量。

第 I 节

罗马宗教的社会功能

罗马家庭和社会组织的宗教基础

罗马国家最初是从氏族组织中发展起来的，早先的那些氏族、胞族（库里亚）、部族（特里布斯）等大大小小的社会组织，就是依赖于家长的权威和家族成员的服从关系而构建起来的。宗教的重要社会功能恰恰就在于，通过树立对神的虔诚来维系人的权威。家长在家庭中的权威地位，在很大程度上就是建立在家族成员对于神明的虔信基础之上；贵族在公共社会中的权威地位同样也是如此。因此，宗教生活对于罗马初民社会具有很强的凝聚力和约束力。

古代的罗马人以务农为本，其基本的社会组织就是建立在血缘关系之上的氏族社会。一夫一妻制的家庭构成了氏族社会的细胞，这种小家庭由父亲和妻子以及众多子女组成，在其中，父亲成为最重要的核心人物，妻子、儿女都必须无条件地服从父亲的绝对权威。若干一夫一妻制的小家庭通过宗亲关系共同组成了氏族社会，而氏族的族长（即宗族中的名门望族）也具有绝对权威，就如同父亲在家庭中的地位一样，他们成为最初的豪强贵族。由于罗马文明自从有史记载以来就是一个男权社会（不像古希腊克里特文明还带有一些女权社会的痕迹），女人在社会生活中只能起到次要作用——虽然在罗马家庭生活中，一家之母的地位还是比较高的，但是妻子仍然必须服从丈夫，因此，罗马社会中从一开始就形成了严格的父强子弱、男尊女卑的等级秩序。这种以家庭为基本单元而放大到整个氏族、胞族乃至部族的等级秩序，长期以来就是依靠罗马的家庭宗教和公共宗教来加以维系的。

除了直系和旁系的血缘关系之外，早期罗马社会还建立了一种恩主–门客关系——一些德高望重、地广财丰的氏族豪门，在自己管辖的土地范围内收容了一些外来的投靠者，从而在家族的血缘关系之外，又建立了一种异姓之间的关系。如此一来，一个家族的家长既是氏族中位高权重的豪强，又是他所收容的诸多门客效忠的主人。这些门客身为自由人，享有罗马公民权，却在恩主的土地上进行耕作生息，平时仰仗恩主的庇护和恩泽，关键时刻则有义务来维护恩主的权威、保护恩主的安全。在罗马传统社会中，门客对于恩主的忠诚是毋庸置疑的，这也是罗马贵族在与平民的权力博弈中能够长期占据优势地位的重要原因之一。这种从血缘关系中延伸出来的社会关系，同样也要依靠宗教信仰和虔诚品性来加以维系。

前面讲到庞培的昔日门客拉比埃努斯，他在恺撒与庞培结盟期间曾长期追随恺撒征讨高卢蛮族，屡建战功，深得恺撒信任。后来当恺撒与庞培因争权夺利而公开决裂、兵戎相见时，拉比埃努斯毅然离开恺撒阵营，投奔旧主庞培，成为恺撒在战场上的劲敌。恺撒对于拉比埃努斯的背叛行为毫无怨言，而是派人把行李和盘缠给拉比埃努斯送去，因为他深知效忠旧恩主乃是罗马人的传统美德。后来拉比埃努斯在庞培死后转战西班牙，继续辅助庞培的儿子与恺撒对阵，直至兵败，以身殉主。

拉比埃努斯的故事表现了罗马人的忠诚，这种政治上的忠诚往往因宗教上的虔诚而得以强化。一个在宗教上虔信神明的民族，往往也会大力推崇政治上的忠诚。甚至连罗马权贵的贴身奴隶，也会恪守对主人的绝对忠诚，他的一项重要义务就是在主人身陷绝境时帮助其自裁，然后再杀身相随，例如小格拉古的奴隶与主人杀身成仁的情形。共和国时期的罗马人既虔信宗教，又注重忠诚和信义。相比之下，同时代的希腊人对于宗教采取了一种戏谑的态度，自然也就无信义可言。当时的地中海世界流行着一句话："一个希腊人发誓是没有人相信的，但是一个罗马人发誓却完全可信。"早先罗马人一诺千金、言出必践的质朴品行是与他们的宗教虔诚直接相关的；然而，随着罗马帝国的发展和传统宗教信仰的日趋松懈甚至败坏，罗马人的道德品性也就江河日下，最终造成了帝国的崩溃瓦解。从某种意义上可以说，罗马帝国的衰亡最初就表现为罗马传统宗教和虔诚精神的没落，故而爱德华·吉本认为，基督教才是致使罗马帝国断命的毒酒。

从组织关系来看，罗马社会最初形成了以血缘为纽带的一个个氏族，若干个氏族组成一个胞族（库里亚），十个胞族又形成了一个部族（特里布斯），最后由特里布斯联合组成国家。在早期的罗马社会中，宗教信仰构成了确立和维系家庭—族群—国家的重要精神根基，罗马人正是凭借着宗教虔诚来保证父亲的权威、贵族的权威、恩主的权威以及国家权力机构的权威地位的。由此可见，宗教信仰在罗马人的社会生活中发挥了非常重要的作用。

公元前 2 世纪杰出的希腊历史学家波利比乌斯不仅对罗马共和国的政治制度进行了深入细致的研究，而且也对罗马宗教的社会功能具有深刻的见解，他强调：

> "罗马共和国最明显与众不同的特点是罗马人对宗教的信仰。正是这种执著认真近于迷信的信仰——它在其他民族可能被讥为一种羞辱——保持了罗马国家的凝聚力。这种信仰在罗马人的公私生活中都采取极为隆重的形式……而我们当代希腊人却极为轻率愚蠢地抛弃了这种信仰，结果是世风日下，不可收拾。"

在波利比乌斯看来，罗马人的成功之道在很大程度上得益于他们虔诚的宗教信仰，而希腊人的堕落则同样在于其宗教信仰的衰颓。作为一个在罗马共和国生活多年的希腊人，波利比乌斯对于罗马人和希腊人的宗教信仰状况的对比是颇具发人深省之义的。

罗马的重要神庙

罗马的神庙既是罗马的宗教中心，也是罗马的政治中心和文化中心，最初的七丘之城就是围绕着神庙而建立起来的。宗教在罗马先民的社会生活中发挥了重要的作用，尤其是在法律尚未健全的时候，宗教可以规范人与人之间的权力关系，维护家庭的稳固，加强氏族的凝聚力和推动国家的发展。

相传罗慕路斯兄弟在创建罗马城伊始，即确立了对民族神雅努斯的崇拜。根据罗马人劫掠萨宾妇女的著名传说，当以罗慕路斯为首的拉丁人和以塔提乌斯为首的萨宾人化干戈为玉帛之后，他们就在各自占据的帕拉蒂尼山和奎里尔诺山之间的卡庇托尔山上修建了神庙，对神明进行崇拜。这两个族群在合并之前，原本各有自己崇拜的主神：拉丁人崇拜雅努斯，萨宾人则崇拜奎里努斯，这两个神都以尚武好战而著称。当两个族群合并之后，他们所崇拜的神明也日益融为一体。传说罗慕路斯死后，就化身为奎里努斯，成为三合一的罗马民族的保护神。

第二任国王努马统治时期，修建了罗马最古老的雅努斯神庙。雅努斯神庙前后都有大门，每当罗马人发动战争时，雅努斯神庙的两扇大门就会洞开，一直到战争结束才会关闭。自努马之后，从王政时期的图鲁斯吞并阿尔巴开始，一直到共和国中后期，罗马人持续不断地进行对外扩张，雅努斯神庙的两扇大门始终都没有关闭过。到了第二次马其顿战争结束后（公元前 196 年），雅努斯神庙的大门一度关闭了二十余年；但是从第三次马其顿战争开始（公元前 171 年），这座神庙的两扇大门又重新敞开，一直到屋大维结束内战、统一罗马（公元前 30 年）才最终关闭，由此开启了长达二百年之久的"罗马统治下的和平"。时至今日，罗马的雅努斯神庙已经荡然无存，但是从共和国末期开始修建的罗马凯旋门就是从两面开门的雅努斯神庙中演变出来的。

到了伊特鲁里亚诸王统治时期，罗马人引进了希腊人的神明崇拜，并在卡庇托尔山上建造了崇奉天神朱庇特（即希腊的宙斯）的神庙，将其作为国家的祭典中心和金库所在地。罗马通常被称为"七丘之城"，台伯河畔的七座小山丘围绕着一片湿地，这块大约 72 平方公里的弹丸之地就是罗马帝国最初的发源地。七丘中的五座小山丘——卡庇托尔山、帕拉蒂尼山、埃斯奎里山、维弥纳山和奎里尔诺山——呈现为环形，围绕着湿地；另外两座小丘——阿文庭山和西里欧山——则稍稍靠外。在七丘之中，最高的山丘就是卡庇托尔山，它背靠台伯河、俯瞰由湿地改造而成的罗马广场，成为罗马城的重要地标。因此，在卡庇托尔山上修建天神朱庇特的神庙，更是以宗教形式凸显了罗马政治中心的权威。到了公元前 509 年罗马共和国建立时，罗马人民又对朱庇特神庙进行了大修。从此以后，卡庇托尔山上的朱庇特神庙就成为罗马国家的神圣象征，朱庇特也成为超越各种部族神明的最高神。公元前 83 年 7 月 6 日夜晚，卡庇托尔山上的朱庇特神庙被大火焚毁，当时正值罗马共和国深陷于酷烈的内战之中。遭

罗马卡庇托尔山上的朱庇特神庙

受浩劫的朱庇特神庙很快又被重建起来，仍然作为罗马国家的宗教－政治中心，展现着一统天下、威慑万邦的赫赫雄风。

后世通常用卡庇托尔山及朱庇特神庙来指称罗马，这里一直是罗马国家的权力圣地和最后庇护所。例如，公元前 390 年高卢人入侵罗马城，罗马人都收缩到卡庇托尔山上，保卫他们最后的圣殿朱庇特神庙。平时，罗马平民的聚会场所主要是在阿文庭山的同盟圣庙（狄安娜神庙）附近，而贵族们的集会地点通常都是在卡庇托尔山的朱庇特神庙门前。当年小格拉古改革导致了平民与贵族之间的矛盾白热化，双方纠结力量准备一决雌雄的集合地点就分别为这两个山头。公元前 44 年 3 月 15 日，布鲁图斯、卡西乌斯等元老刺杀了恺撒之后，他们手提血淋淋的刀剑直奔卡庇托尔山上的朱庇特神庙，在神庙中度过了惊惶不安的一夜。对于这些前程未卜的刺客来说，卡庇托尔山上的朱庇特神庙就是最庄严神圣的庇护所，没有任何人胆敢进入这座神圣的殿堂来侵犯他们的人身安全。

在王政时期第三位国王图鲁斯执政期间，罗马人兼并了阿尔巴·隆加，并取代了后者的拉丁盟主地位。到了第六位国王塞尔维乌斯统治时期，又在阿文庭山上修建了崇拜狄安娜（即希腊的狩猎女神和月亮女神阿尔忒弥斯）的神庙，将其作为拉丁同盟各邦国共同崇奉的同盟圣庙。此外，素来崇尚战争的罗马人很早就修建了战神马尔斯神庙，他们每年都要在马尔斯神庙前举行盛大的宗教崇拜活动和炫耀武力的游行表演。后来到了屋大维时代，罗马人又在奥古斯都广场上新建了一座宏伟的马尔斯神庙，将其作为罗马国家最重要的政治文化中心，元老院会议经常就在马尔斯神庙中举行。

奥古斯都广场上的马尔斯神庙复原图

公元前 496 年，已经建立了共和国的罗马人在罗马广场上修建了一座高大的萨图尔努斯神庙。萨图尔努斯（Saturnus）就是希腊神话中宙斯的父亲克洛诺斯，他作为大地丰产之神而受到以务农为本的罗马人的顶礼膜拜。这座神庙建成之后，罗马人就把国家金库从卡庇托尔山上的朱庇特神庙迁移至此，金库中汇集了罗马人在对外扩张中劫掠的大量金银财宝。从此以后，萨图尔努斯神庙就成为罗马共和国的财政中心，就如同朱庇特神庙象征着罗马国家的权力中心一样。时至今日，萨图尔努斯神庙的废墟依然高高耸立在罗马广场上，向人们昭示着昔日罗马国家的恢宏气度。

罗马广场上的萨图尔努斯神庙遗址

维斯塔神庙也是罗马较早建造并且具有重要影响的神庙。维斯塔是罗马的圣洁女神，也是女灶神，她在罗马人的公共生活和家庭生活中都具有非常重要的地位（在希腊神话中，维斯塔的对应者是宙斯的大姐赫斯提亚）。在罗马，不仅家家户户都供有祭祀维斯塔的炉火（对于起源于七丘之城潮湿地带的罗马人来说，长年不熄的炉火有利于驱除湿气），而且罗马广场上专门建有维斯塔神庙，由六位专职的贞女（女尼）在神庙中供奉维斯塔女神。这些维斯塔贞女一般都来自贵族豪门之家，她们在豆蔻之年即自愿侍奉圣洁女神维斯塔，守护着神庙中的圣火，为期三十年（三十年后可以还俗嫁人）。在此期间，她们必须保持纯洁之身，维斯塔贞女的贞节神圣不可侵犯。传说中罗慕路斯和雷慕斯的母亲西尔维娅就曾经当过维斯塔贞女（尽管是被逼无奈），而帝国时期的埃拉伽巴卢斯皇帝诱奸维斯塔贞女之事也曾激起了罗马民众的极大愤慨。在罗马，维斯塔神庙及神庙中的贞女代表着最崇高圣洁的事物，深受罗马人民的敬重。罗马公众人物的一些重要个人文件，如遗嘱等物，就存放在维斯塔神庙中，由专门的贞女保管。例如当年恺撒被刺，他的遗嘱就是由维斯塔贞女当着恺撒亲人和安东尼的面宣读的；后来屋大维也是运用强制手段从维斯塔神庙中攫取了安东尼的遗嘱，当众揭露了安东尼背叛祖国的行径。一直到共和国末期为止，罗马人的家庭道德还是比较保守严谨的，而维斯塔神庙在维护罗马人的传统美德和家庭稳定方面起到了重要作用。

罗马广场上的维斯塔神庙遗址

罗马维斯塔神庙废墟中的贞女雕像

　　随着罗马国家的发展壮大，越来越多的神庙在罗马广场和台伯河两岸拔地而起，如希腊英雄卡斯托尔（Castor）和波吕克斯（Pollux）兄弟神庙（公元前 485 年）、阿波罗神庙（公元前 432年初建，公元前 353 年重修）、"祖国之父"卡米卢斯修建的协和神庙（约公元前 367 年）、维纳斯神庙（公元前 295 年）等。再往后，随着罗马版图的不断扩大，一些被征服的民族所崇奉的神祇也被罗马人兼收并蓄，罗马帝国境内也因此修建了五花八门的各种神庙。

罗马广场上的卡斯托尔和波吕克斯兄弟神庙遗址

在罗马城，最具代表性的神庙就是阿格里帕初建、哈德良皇帝重修的罗马万神殿。这座始建于奥古斯都时代的万神殿可谓是罗马帝国最恢宏的宗教庙宇，罗马人不仅将地中海世界的各路神祇都供奉于其中，而且把一些伟大人物，如恺撒、奥古斯都等人的雕像也置于万神殿中供民众膜拜。后来的历代罗马皇帝，只要死后不被元老院处以"记录抹煞罪"的，均会被神化，其雕像会被放入万神殿中，与诸神共享人间香火。公元前 27 年，屋大维的得力助手阿格里帕在尤利娅选举会场旁边开始修建万神殿和阿格里帕大浴场，其时正值罗马帝国归于一统、万象更新之际，阿格里帕只用了两年时间就把巍峨的万神殿建造完成。但是经历了公元 64 年（尼禄时代）和公元 80 年（提图斯时代）的两场大火之后，万神殿只剩下一片废墟。公元 120 年，热衷于建筑艺术的哈德良皇帝亲自设计和主持重建了这座神庙，新建的万神殿由于采用了混凝土浇筑技术，因此显得更加宏大壮观，成为堪与卡庇托尔山上的朱庇特神庙争妍斗艳的罗马宗教中心。

　　罗马万神殿正面的希腊式柱廊宽约 34 米，进深 15.5 米，由 16 根高 12.5 米的科林斯式石柱分为三排——前排 8 根，中、后排各 4 根——顶起巨大的顶梁和三角楣；神殿主体为罗马式的圆形圆顶建筑式样，雄伟厚实，气势磅礴。阳光从直径约 9 米的穹顶空洞中投射进来，映照得满堂神像熠熠生辉，使人顿

生庄严敬仰之感。这座后来被改用作天主教堂的万神殿曾被文
艺复兴时期的艺术巨擘米开朗琪罗赞誉为"天使的设计",它
不仅是罗马帝国最宏伟的宗教殿堂,也是古典时代建筑艺术的
卓越典范。

罗马万神殿外观

罗马万神殿内景局部

罗马宗教对公共生活的影响

　　王政时期和共和国时期的罗马人虔信神明，注重祭祀，他们在举行公民大会等重要的公共活动时，首先要举行占卜观兆等宗教仪式，根据观兆的结果来做出政治决定。罗马人非常迷信，每逢遇到重大的事情，如选举执政官等高官、召开公民大会讨论重要议案、进行战争宣告和媾和缔约等，都要先请祭司来主持宗教典礼，请占卜师通过观察飞鸟运动的方向、动物肝脏的形态等兆象来判断吉凶，据此来决定是否如期进行上述活动。

　　罗马有一个非常重要的宗教职位——大祭司长，即罗马人民的宗教领袖。虽然大祭司长并非国家官员，但是他作为宗教领袖却可以通过宗教信仰对民众生活产生重大的影响，进而左右政治局势。大祭司长通常都是由政治权贵来兼任，王政时期的第二位国王努马就是第一个担任大祭司长的人，后来的历任国王都自然而然地继任了这一职位。他们不仅是国家的政治统治者，也是代表神意的宗教领袖（就如同埃及的法老和中国的天子一样）。在罗马人的日常宗教活动中，并没有设立专职的祭司人员。罗马的祭司集团往往是由一批精通工程技术、熟悉度量和计算的专业人士组成。他们又被称为"造桥团"，负责主持日常的宗教典礼和祭祀活动。此外，一些掌握专业技能的民众组成了占卜团，根据各种自然现象来预测社会活动的吉凶泰否。以大祭司长为首的这些宗教人士共同构成了罗马的宗教团体，成为与国家官僚体系平行互补的另一支政治势力。到了共和国时期，由罗马望族担任的大祭司长仍然对罗马的政治决策和公共活动具有不可低估的影响力。他可以参加元老院会议，具有优先发言权和表决权，其政治地位与执政官、监察官等重要官员相当。由于罗马民众虔信宗教，所以大祭司长就如同保民官一样被视为罗马的民意领袖。更重要的是，罗马所有的政府官员包括执政官、监察官、独裁官乃至民选的保民官都是有任期的。然而大祭司长却是终身任职，他可以长期活跃于罗马政坛和宗教领域。正因为如此，一些胸怀大志的政治家往往都觊觎大祭司长的职位。例如，恺撒在跻身政坛竞选高官之前，首先就通过政治运筹而攫取了大祭司长之职，利用宗教上的权威地位来影响民众，收揽人心，为日后的政治升迁奠定了坚实的基础。恺撒遇刺之后，"后三头同盟"中年事最高的雷必达继任了大祭司长之职；公元前 13 年雷必达去世，大权独揽的屋大维就顺理成章地接过了大祭司长的职位，一直担任至死。在罗马时代的一些雕像中，屋大维往往是身穿大祭司长的长袍而非"英白来多"（凯旋将军）的戎装，由此可见，这个宗教职位对于罗马公共生活的重要影响。

罗马王政时期确立的最初历法，就是建立在宗教崇拜的基础之上。罗马的历法虽然和农业时令有一定的关系，但是与宗教信仰之间的联系却更加紧密。例如，在王政时期第二任国王努马制定的月亮历中，1 月（Ianuarius）得名于雅努斯神，表示万物的开端（和终结）。12 月（Februarius）源于"洁净"一词，意指通过一种宗教仪式来涤除一年的污秽，同时进行宰牲祭祀；后来到了公元前 452 年，罗马人将 12 月移到 1 月之后，使之变成了 2 月，以后诸月则按顺序后移。罗马历的 3 月（Martius）、5 月（Maius）和 6 月（Iunius）分别是献给战神马尔斯、大地女神迈亚（她也是商业之神墨丘利的母亲）和神后朱诺的；4 月（Aprilis）则表示开花之季。至于 6 月以后的诸月，则以 Martius 月之后的第几个月来命名（如 9 月 September，意为 Martius 月之后的第七个月；10 月 October，意为 Martius 月之后的第八个月，以此类推）。后来到了屋大维时代，罗马人又把 7 月（Quintilis，原义为 Martius 月之后的第五个月）改换为恺撒的家族名"尤利乌斯"（Iulius），把 8 月（Sextilis，原义为 Martius 月之后的第六个月）改换为屋大维的称号"奥古斯都"（Augustus）。由此可见，罗马历中最前面的 6 个月都与宗教崇拜和农业时令有关，7 月和 8 月是献给伟大人物的，9 月以后的 4 个月则无特殊的宗教、农时含义，只表示时日的推移而已。

与历法一样，罗马的法律最初也是源于宗教信仰的禁忌律例，主要包括与宗教祭祀活动相关的一些禁忌规则、等级秩序和惩罚方式等。在法律尚未健全之时，占卜者以神的名义来解决共同体内部的各种利益纠纷，以及共同体与其他族群之间的战争及和平关系。宗教处理人与神之间的契约关系，法律则处理人与人之间的契约关系，后者以前者为根据，人与人之间的法权关系最初是建立在人与神之间的信仰关系之上的。罗马的民法起源于宗教信仰中人与神之间的誓约关系，而"全部刑法都是奠基于赎罪这一宗教思想上的"（蒙森）。当罗马法律获得了独立发展之后，罗马宗教又进一步加强了法律的神圣性和权威性。罗马人的法治精神是与他们的宗教虔诚密切相关的。一个虔信神明的民族，往往也是一个恪守法律的民族。

罗马的公共节庆和礼仪规范更是与宗教崇拜息息相关。在古代，罗马民众几乎每个月都要举行敬拜神明的祭典仪式，如雅努斯祭日、狼神节、农神节、家神和灶神节、海神节等；官方也会举办各种向神献祭的庆典仪式和针对自然异象的驱邪活动，这些带有浓郁宗教气息的公共活动构成了罗马人的文化生活的重要内容。在希腊人的那些具有鲜明世俗色彩的文艺活动渗透罗马社会之前，质朴而虔诚的罗马人一直都是在浓郁的宗教氛围中消度时光的。每当罗马人举行盛大的庆典活动时，他们一定会心怀虔诚地向神明献祭，例如罗马凯旋式的终点就是卡庇托尔山上的朱庇特神庙。在凯旋式上，凯旋将军头戴月桂花冠，驾驭驷马高车，押着无数俘虏和金银财宝穿过宽敞的罗马大道，奔向巍峨的朱庇特神庙，在极其庄严隆重的仪式中将这些战利品奉献给罗马人所崇拜的神明。

罗马的公共宗教和家庭宗教

罗马的宗教可以分为公共宗教和家庭宗教，前者主要指由国家机构和祭司团体所主持的各种宗教仪式，及其所崇拜的与国家兴盛、战争得胜等公共事务直接相关的天地诸神；后者则是指家庭宅邸内的设坛祭祀活动，以及与家族兴旺、五谷丰登等日常生活密切相关的家神崇拜。二者并非泾渭分明，而是相互融通的。从公共宗教的角度来看，罗马人最崇拜的神明包括天神朱庇特、战神马尔斯、第二战神奎里努斯等。在罗马，所有的月圆之日都是朱庇特的圣日，届时罗马民众会举行各种庆贺仪式。马尔斯被说成是罗马城创建者罗慕路斯兄弟的生父，他与拉丁人最初信仰的雅努斯一样，均为战争之神，后来又与希腊传来的战神阿瑞斯相融合。按照罗马最初的历法，新年之月（后来改为 3 月）是奉献给战神马尔斯的，罗马的青年人会在这个月里举行盛大的战士节和铸盾节，挥动着各种兵器跳起风格威猛的战斗舞蹈。奎里努斯原本是萨宾人信仰的主要神明，亦以司掌战争而著称，每年的 2 月 17 日是祭祀奎里努斯的庆典节日（名为"Quirinalia"）。当拉丁族群与萨宾族群合并之后，那些具有战争功能的神祇也逐渐合而为一，其形象就是手持长矛的战神马尔斯或"杀神"毛尔斯（Maurs），这种神明崇拜充分体现了罗马人的尚武精神。

关于天神朱庇特以及神后朱诺、神女密涅瓦的崇拜可能与伊

罗马战神马尔斯

特鲁里亚人的文化影响有关，这些最初来自小亚细亚的移民把希腊神话的因素带到了意大利半岛。罗马人从伊特鲁里亚人那里接受了希腊诸神，并把这些外来神明与本民族具有同样功能的古老神祇相融合，赋予他们一些拉丁名字。其中，罗马人最崇拜三位神，即天神朱庇特、神后朱诺（即希腊的婚姻女神赫拉）和神女密涅瓦（即希腊的智慧女神雅典娜）。伊特鲁里亚族的国王老塔克里乌斯在卡庇托尔山上修建了朱庇特神庙。这座宏伟的神庙和其中所供奉的三位神明此后就成为罗马国家的主要象征，朱庇特座下的雄鹰则成为罗马军团的经典标志。

神女密涅瓦、天神朱庇特、神后朱诺三神像

除了上述表现崇尚战争和象征国家权力的神明崇拜之外，第六任国王塞尔维乌斯在阿文庭山上建造的狄安娜神庙、共和国初期修建的萨图尔努斯神庙，以及罗马广场上的维斯塔神庙等，也都在罗马人的公共生活中发挥着重要的作用。狄安娜神庙是拉丁同盟圣庙，彰显着罗马人的盟主地位；萨图尔努斯神庙是国家金库所在地，实为罗马的财政中心；而维斯塔神庙则是罗马人敬重的圣洁之地，维系着家庭的传统美德和国家的忠诚信念。

罗马人的家庭宗教崇拜也独具特色，与罗马人的现实生活状况紧密相关，旨在维护家庭关系中的家长权威和伦理秩序。在罗马，父权制的一夫一妻制家庭构成了社会的基本单元，父亲在家庭或家族中具有绝对的权威，家长权力成为维系祖制传统和强化公民秩序的重要保证。罗马的宗教信仰强化了家庭的伦常纲纪，同时也极大地增强了罗马公民对于国家的忠诚意识。罗马家庭宗教的主要宗旨和功能就是维护家长的法权地位，把家庭的责任和公民的义务融合在一起，并将其提高到神圣的地位。

罗马家庭宗教崇拜的主要对象包括：门神雅努斯（雅努斯神的最初职能就是看守大门）、家神佩纳特斯（Penates，据说这是罗马人始祖埃涅阿斯从小亚细亚带来的神）、灶神维斯塔、生育女神玛图塔（Matuta）、酿酒之神利贝尔（Liber，后与希腊酒神狄奥尼索斯相混合）及其妻子利贝拉（Libera）、花神芙洛拉（Flora）等。此外，如农神或大地丰产之神萨图尔努斯、山林之神浮斯图卢斯（据说他是罗慕路斯兄弟的抚养者）、台伯河神、

巴黎卢浮宫收藏的台伯河神雕像

罗马和平祭坛上的大地女神浮雕

大地女神等公共神明，也是罗马家庭崇拜的对象。

　　罗马的每个家庭都设有神龛，神龛中不仅永久地祭祀着灶神、门神、家神等诸多神明，而且还供奉着祖先的牌位和塑像，宗教崇拜与家族传承是相互砥砺的。罗马最早的雕塑艺术就是源于制作祖先的蜡模面具——前辈故世后，后人会用蜡模在死者脸上拓下面部模型，等蜡模晾干之后，揭下来就成了塑像。可见，罗马人的雕塑艺术最初也是祖先崇拜或宗教崇拜的结果。后来罗马人又发展出政治人物的雕像和皇帝雕像，以及各种浮雕和镶嵌画，但是它们皆立足于现实生活，取材于真实人物，不像希腊造型艺术所表现的大多是虚构的神和英雄。罗马人开辟的通衢大道的两边，也竖立着祖先的墓茔，墓前的墓志铭上镌刻着先辈的主要业绩和道德箴言，用以激励后辈子孙。对先人的缅怀不仅具有浓郁的宗教色彩，而且也传承了家族的德业，强化了对国家的忠诚，使得后辈不敢数典忘祖。

　　罗马的宗教不仅有利于维护家长权威和公民纪律，而且也有力地维护和传扬了罗马人的道德观念。罗马人所表现出来的质朴、勇敢、严肃、虔诚等民族性格，都被打上了深深的宗教烙印。从文化气质上来看，罗马人的宗教崇拜具有朴素敦实的特点，不像希腊人的神话传说那样超逸浪漫。罗马人的宗教既不具有希腊神话多彩多姿的风韵，也没有衍生出文学、艺术等优雅的东西，但是它却起到了维护家庭稳定、推动国家发展、提升人们的道德品质，以及培养公民的忠诚度等重要的现实作用。与虚幻飘逸的希腊神话相比，拙朴刻板的罗马宗教显然更加功利务实。

第 II 节

希腊宗教与罗马宗教

希腊宗教对罗马的影响

宗教信仰对于罗马人的家庭伦理、族群规范、国家政治和文化生活都产生了重要的影响，而罗马人的宗教内涵也经历了一个不断发展演变的历程。在王政时期和史前时代，罗马人就已经有了基于本土习俗之上的神明崇拜，其崇拜对象几乎涵盖了天上地下的所有事物，涉及气候、农时、大地、河海等与老百姓的生产、生活息息相关的内容。如同罗马史专家蒙森所言："国家和氏族，个别的自然界现象，如同个别的心灵活动、每个人、每一地方和每一事物，甚至罗马法范围内的每一行动，无不再现于罗马的神祇世界之中。"这些五花八门的神祇显得粗陋鄙俗、杂乱无章，很少能够登上大雅之堂（早期罗马人信奉的神明除了双面神雅努斯之外，其他神祇很少具有鲜明的人形形象，仍然带有明显的图腾崇拜特点）。随着时光的流逝和传统的更新，罗马人最初信仰的大多神祇逐渐湮灭在历史长河之中。到了共和国时期，由于与文明水平更高的希腊人交往日深，罗马宗教也越来越多地染上了浓重的希腊色彩。尤其是从共和国中期开始，罗马人在地中海世界与希腊人发生了正面的碰撞与交流（皮洛士战争是一个重要标志），希腊奥林匹斯多神教也在罗马获得了长足的发展。在更为成熟的希腊宗教的潜移默化的影响下，罗马人开始把自己传统的神祇与希腊有同类功能的神明相合并，逐渐形成了后来在罗马文明史中占主流地位的希腊罗马多神教。当然，这个融合过程是非常漫长的，其最初的涓流自共和国初期甚至王政时期即已滥觞，随着共和国的发展而不断深化。公元前 3 世纪以后，希腊化地区逐渐被纳入罗马人的统治之下，罗马人虽然在军事上占有绝对优势，但是在文化方面却在希腊人面前相形见绌。因此，罗马人在征服希腊文明圈——南意大利、希腊本土、小亚细亚、西亚、埃及等地——的过程中，也不可逆转地接受了高雅的希腊文明的浸润濡染。一方面，希腊世界逐渐沦为罗马的政治殖民地；另一方面，罗马人也日益蜕化为希腊文化的应声虫，宗教方面的情况也是如此。

希腊宗教对罗马社会的渗透主要表现为，罗马人开始越来越多地引进了希腊的奥林匹斯诸神，并将这些形象优美的神明与自己本民族的古老神祇相融合，赋予其相应的拉丁名字，从而就形成了以罗马十二主神为代表的希腊 – 罗马诸神。这个融合过程早在公元前 3 世纪出身于大希腊地区的罗马"诗歌之父"昆图斯·恩尼乌斯（Quintus Ennius，公元前 239 年—公元前 169 年）的著作中即初见端倪，到了屋大维时代的著名诗人奥维德的《变形记》中已告以大成。罗马十二主神及其所对应的希腊神祇如下：

表 2-1　罗马十二主神及其所对应的希腊神祇

序号	拉丁文名	希腊名	主要司职
1	朱庇特（Jupiter）	宙斯（Zeus）	众神之王和天空雷电之神
2	朱诺（Juno）	赫拉（Hera）	神后和婚姻女神
3	密涅瓦（Minerva）	雅典娜（Athena）	智慧女神和女战神
4	涅普顿（Neptune）	波塞冬（Poseidon）	海神
5	马尔斯（Mars）	阿瑞斯（Ares）	战神及罗慕路斯兄弟之父
6	维纳斯（Venus）	阿佛洛狄忒（Aphrodite）	美神和爱神
7	阿波罗（Apollo）	阿波罗（Apollo）	太阳神和文艺之神
8	狄安娜（Diana）	阿尔忒弥斯（Artemis）	月亮女神和狩猎女神
9	伏尔甘（Vulcan）	赫淮斯托斯（Hephaestus）	火神和锻造之神
10	维斯塔（Vesta）	赫斯提亚（Hestia）	灶神和圣洁女神
11	墨丘利（Mercury）	赫尔墨斯（Hermes）	神使和商业之神
12	克瑞斯（Ceres）	得墨忒尔（Demeter）	农业女神

除了引进了希腊的诸多神祇以外，罗马人还将许多希腊英

雄也纳入崇拜对象之列，如大英雄赫拉克勒斯、医神阿斯克勒庇乌斯、双子英雄卡斯托尔和波吕克斯等。赫拉克勒斯是整个地中海世界崇拜的大英雄，他身披狮皮，手执大棒，干了 12 件惊天动地的大事，连奥林匹斯诸神也对其敬畏三分。阿斯克勒庇乌斯是阿波罗与人间女子科洛尼斯所生之子，具有妙手回春的精湛医术，死后成为医神。卡斯托尔和波吕克斯为同母异父兄弟，前者是斯巴达国王廷达瑞斯的儿子，后者则是宙斯和斯巴达王后丽达幽会所生（他们还生下了希腊第一美女海伦）。卡斯托尔和波吕克斯这一对兄弟不仅彪悍勇猛，而且形影不离，死后成为双子星座。按照罗马人的传说，兄弟二人曾在公元前 5 世纪初的雷吉鲁

罗马卡庇托尔山上的卡斯托尔和波吕克斯兄弟雕像

斯湖畔战役中，骑着白马帮助罗马人打败了强悍的伏尔西人等拉丁族群，保卫了刚刚创立的罗马共和国。今天，人们沿着卡庇托尔山的台阶向上攀登，在梯阶顶端的台基上仍然可以看到后世人们雕刻的卡斯托尔和波吕克斯兄弟雕像。

虽然以朱庇特（宙斯）为首的奥林匹斯诸神已经成为共和国后期罗马公共社会崇拜的主要神祇，敬拜他们的神庙也遍布于罗马帝国的辽阔大地上；但是罗马传统宗教仍然具有顽强的生命力，一些古老的神祇依然在民间享有香火，受到老百姓的顶礼膜拜。特别是在家庭祭祀活动中，门神雅努斯、家神佩纳特斯、农神萨图尔努斯、山林之神浮斯图卢斯以及台伯河神、大地女神等，始终都是罗马人家喻户晓的崇拜对象。这种情形就如同希腊城邦的宗教分层一样，国家主流和社会精英崇拜天马行空、争强斗狠的奥林匹斯诸神；而民间百姓却依然祭祀那些不能登大雅之堂的不入流之辈，尤其是与民众的生产、生活休戚相关的大地神祇。

希腊宗教的唯美理想与罗马宗教的现实规范

罗马人把希腊的那些形态优美的神明接过来，与自己传统的同类神祇相融合，并更换了一个拉丁名字。这些神祇的司职相同，长相也一样（罗马古老的神祇原本很少具有鲜明的人形形象，诸神形象基本上都是来自希腊宗教），但是罗马宗教却与希腊宗教有着很大的差别，尤其是在精神气质方面，可谓是迥然相异。在希腊，宗教崇拜往往是跟文学艺术活动联系在一起的，一切文化形态——诗歌、竞技、雕塑、建筑、戏剧乃至哲学——的发生和发展都与宗教信仰密切相关。我在讲希腊文明的时候，特别强调希腊各种文化形态赖以生长的共同土壤就是奥林匹斯多神教崇拜，即对以宙斯为首的奥林匹斯诸神的崇拜。比如希腊最早的文学作品荷马史诗（叙事诗），讲述的就是奥林匹斯诸神以及众位英雄——英雄往往是神来到人间拈花惹草的结果——之间所发生的战争故事（特洛伊战争）。到了希腊城邦时代，四年一届的奥林匹亚竞技会也是在人们崇拜奥林匹斯山上诸神尤其是宙斯的基础上产生的。希腊各城邦的精英才俊在竞技场上一展身手，以此来展现自己的身体多么强壮、速度多么敏捷以及战争技能多么高超，从而显示自己在身体形态和战斗力方面多么像神。而奥林匹亚竞技会又极大地推动了希腊的人体造型艺术即雕塑和绘画的发展，以及赞美讴歌神明、英雄和运动员的抒情诗的产生，可见希腊的艺术也离不开奥林匹斯宗教崇拜。

奥林匹斯宗教构成了希腊一切文化形态赖以滋生的共同土壤，而荷马史诗则是希腊人最初的文化教养。希腊人通过竞技活动来模仿神，通过抒情诗来赞美神，希腊城邦最重要的公共建筑就是神庙；至于作为更高文化形态而出现的希腊悲剧，则是主要演绎神和英雄的苦难经历，从中昭示神秘的命运。而对于形而上的命运本身的直接质询，就是作为"密涅瓦的猫头鹰"在黄昏时分才高高翔翔起来的希腊哲学的神圣使命。哲学是根植于奥林匹斯宗教土壤中的希腊文化大树上的冠顶之花，同时也是对感性直观的奥林匹斯宗教以及在此基础上产生的各种文化形态的批判与超越，它以自我否定的方式呼唤着一种更高的精神形态，那就是后来出现的基督教信仰。

由此可见，几乎所有的希腊文化形态，无论是诗歌、竞技、雕塑、建筑，还是戏剧和哲学，都是在奥林匹斯宗教的基础上产生和发展的。就此而言，希腊人的宗教崇拜衍生出了一系列辉煌的文化形态，奥林匹斯宗教堪称希腊的文化之根。[①]

在希腊的奥林匹斯宗教中，神与人具有同形同性的特点。他们的相貌和形体与人一模一样（甚至比人更加标致和强壮），而且也具有人的七情六欲，经常跑到人间来争权夺利、拈花惹草（其结果是无一例外地生下了英雄）。概言之，希腊诸神充满了人性的特点，尤其是充满了感性之美。因此，神就成为人们极力效法的楷模，由此促进了各种文艺活动的出现。然而，神的人性

---

① 参见拙著：《古希腊文明的光芒》（上、下册）（人民邮电出版社 2020 年版）。

化和感性化也极大地贬低了神的崇高性，使得神虽然可爱却未必可敬。诸神包括众神之王宙斯的一些行径往往显得猥琐卑劣，与神的威名颇不相称，乃至于竟成为希腊人讥讽嘲笑的对象（希腊喜剧）。但是罗马的神明却大不一样，早先的罗马本土宗教是不营造神像的，只有两面神雅努斯是一个例外，因此罗马不存在神人同形同性的情况。在质朴虔诚的罗马人看来，用人的形象来表现神并不是对神的崇拜，而是对神的贬抑。给所信奉的神明塑造感性形象，尤其是把神塑造成优美的人形，这可能是爱美成性的希腊人的独创；而早先罗马人崇拜的神都是无形无相的，后来他们受了希腊宗教的影响，才开始崇拜人形的诸神。这种情形与印度佛像雕塑艺术的发展过程相类似，佛教最早的"造像"艺术也是受到了希腊文化的启发。当年亚历山大东征打到了印度河流域，把希腊的神像造型艺术传到了犍陀罗地区（今巴基斯坦北部和阿富汗东北地区），从而极大地推动了佛像造型艺术的发展。

罗马人后来虽然接受了希腊诸神的形象，但是他们始终未能从宗教崇拜中发展出那些高雅而浪漫的文化形态。相反，宗教崇拜在罗马更多地与现实生活以及国家利益联系在一起。罗马宗教的基本宗旨在于维护现实的政治秩序，加强法律威严，激励罗马人去报效家国和建功立业，而不是用各种花哨的文艺形式来赞美神明。罗马人在举行重的政治活动之前，都要通过宗教仪式来加强其神圣性。例如罗马人一般会在举行重要会议或者审判活动之前，首先通过 6 人占卜团来进行占卜，为即将进行的政治活动或司法活动提供一个合理的根据。军队打仗也是如此，罗马军队每年 4 月都要举行盛大的斋戒和祓禊大典，去除污秽之物，净化自身，这就如同基督教的赎罪仪式一样。公元前 42 年安东尼和屋大维的联军开赴希腊腓力比与布鲁图斯和卡西乌斯的共和力量决战，在出征之前，屋大维就在军中举行了非常隆重的祓禊大典，极大地激发了麾下战士的斗志。这些宗教崇拜活动都直接关系罗马人追功逐利的现实要求，鞭策他们去浴血奋战、开疆拓土，却与文学艺术的发展毫无关系。

蒙森曾经对希腊宗教和罗马宗教的不同特点进行了精辟的对比：希腊的宗教充满了美感，因此导致了文学、艺术、哲学等事物的发展，但是这些东西并没有促使希腊城邦在政治上变得强大；相反，罗马人始终对从宗教中衍生出的文学艺术不感兴趣，他们甚至认为这些繁缛虚饰之物有辱神明。罗马人的宗教虔诚旨在促进国家的强大和功利的发达，因此充满了冷漠乏味的特点。蒙森写道：

> "希腊生活中的一切伟大之处和希腊民族的一切共同财富都是围绕着神的晓谕和神的节庆、围绕着德尔菲和奥林匹亚、围绕着信仰之女缪斯女神运行。……艺术和科学不但是信仰的产物，也是信仰的蠹贼。……正是希腊人在智力上的巨大发展……使他们不能在政治上达到真正的统一；以此他们丧失了纯朴性、顺从性、献身精神和构成政治统一条件的凝聚性。

"但在拉丁姆，神的概念的具体表现总是这样明朗洞澈，以致艺术家和诗人没有能因此而造就自己，而且拉丁宗教对于艺术总是抱有疏远的、甚至敌视的态度……过去和现在，罗马的诗歌，尤其是罗马的思辨哲学之所以极其贫乏，其根本原因同样在于罗马宗教缺乏所有生产能力。……意大利人敬神……最重要的是以神为工具，达到非常具体的世俗目的。"

希腊人对健美的人体充满了热爱甚至崇拜，神无非就是美丽的形体罢了。黑格尔指出："诸凡客观美丽的人体，就是希腊人的神祇。"希腊人在奥林匹亚竞技会和其他重大庆典活动中都会举行裸体比赛，健美的形体在希腊人的日常生活中司空见惯。如此一来，自然就推动了希腊造型艺术的发展。希腊的人体雕塑和绘画往往都是裸体的。在他们的神庙中，诸神尤其是男神往往也是以裸体形象立于祭坛之上，后来连女神——从美神阿佛洛狄忒开始——也呈现为半裸甚至全裸的形象。然而对于保守的罗马人来说，希腊人的这种做法是对神的大不敬。在罗马人早先的宗教崇拜中，祭坛上的神像一定是衣冠济楚的。后来也是由于受希腊文化的濡染，罗马人才逐渐放弃了这种保守的观念。正是由于罗马人对待裸体的保守态度，所以他们在人体造型艺术方面远远达不到希腊人的水平。尽管后来罗马人开办了一些雕塑学校来大批量地仿制希腊的艺术品，但是在原创性方面，罗马人在希腊人面前始终难免相形见绌。

希腊人从宗教中衍生出美轮美奂的文学艺术，从而极大地张扬了个人自由和美之理想；罗马人却利用宗教来推动国家发展和功利追求，维系着家族伦理和国家秩序。希腊人的宗教焕发出浪漫的唯美理想光芒，因此毋宁用一个更富有感性色彩的词语——"神话"来指称；而罗马人的宗教则充满了刚性的现实规范特点，充分展现了宗教的敬畏约束功能（"宗教"一词在拉丁语中表示为"religio"，本身就具有"敬神""被束缚"等含义）。

第 III 节

基督教与罗马帝国

东方宗教对罗马帝国的渗透

　　随着罗马帝国版图的不断扩大，许多被征服地区和民族的宗教信仰也反向地渗透罗马，从而使得罗马人的宗教信仰变得更加斑驳繁杂。小亚细亚的大地之母崇拜、叙利亚的太阳神崇拜、埃及的伊西斯（生命、婚姻和生育女神）崇拜，以及犹太教和基督教的上帝信仰，纷纷在罗马帝国的文化大舞台上争妍斗艳，各显神通。其中，基督教作为一种新兴的一神教信仰，很快就与希腊罗马多神教以及其他各种多神教分道扬镳并且分庭抗礼——被罗马统治者钉死在十字架上的耶稣的忠实信徒们，前赴后继地踏上了颠覆罗马帝国及其宗教信仰的艰难道路。

　　自从希腊世界的亚历山大大帝东征以来，西方与东方就陷入了一种奇妙的双向征服关系之中。亚历山大和罗马人先后对东方世界进行了军事征服和政治统治，但是根深蒂固的东方文化和宗教却反向地渗透并从根本上改变了希腊和罗马。当举世无双的亚历山大大帝用金戈铁马将小亚细亚、埃及、西亚、中亚甚至印度河流域都纳入希腊人的统治之下时，他开启了一个希腊化的历史进程，即把高雅的希腊文化卓有成效地推广到东方的广大地区。然而亚历山大的东征也在无意中开启了东方文化的"所罗门魔瓶"，使得阴郁诡异的东方幽灵悄无声息地开始反渗入西方社会，从而在引人注目的希腊化进程背后，启源了西方文化东方化的历史暗流。这两个过程是相反相成的，却产生了完全不同的历史后果。当大量的希腊化城市、剧场、会所和艺术品在小亚细亚、西亚、埃及等地如同雨后春笋一般涌现出来，希腊的艺术、戏剧、竞技会和哲学在东方的土地上生根发芽之时，一个极具讽刺意味的情形也正在悄然发生，那就是源远流长的东方文化也开始潜移默化地渗透希腊社会，东方传统的专制主义的政治模式、享乐主义的生活方式以及彼岸主义的宗教信仰逐渐腐蚀着西方世界的文化根基。这个西方文化的东方化历程发轫于希腊化时代，却终结于罗马帝国时期。

关于东方（埃及、巴比伦、波斯等地）的君神一体的绝对专制和声色犬马的享乐之风对于罗马社会的深刻影响，前已论及，不再赘述。而东方的彼岸主义宗教信仰对于罗马社会的深刻影响，则主要表现为基督教对希腊罗马多神教的颠覆和取代。

以奥林匹斯诸神崇拜为主要内容的希腊罗马多神教表现了欢

快明朗、及时行乐的现世主义特点。相比之下，东方的那些彼岸主义宗教，尤其是信仰一位此生受难、来世救赎的"救主"（即基督）的基督教却具有神秘诡异、阴郁凄楚的色彩。

希腊人原本是一个自由的民族，曾经无忧无虑地生活在美丽的爱琴海岸；因此他们创造出来的神祇不仅具有优美的人形，而且热爱人间生活、尽情享受此世快乐。罗马人虽然在宗教旨趣上与希腊人大相径庭，但他们毕竟也是一个自由的民族，甚至还是一个将自己的自由建立在对其他地区人民的征服与奴役之上的民族，因此罗马人所信奉的多神教同样也充满了现世主义的情怀。他们在宗教信仰的激励下去追功逐利、开疆拓土。可见，无论是希腊人还是罗马人，由于缺乏现实的苦难生存体验，其宗教信仰都充满了阳光明媚的特色，从来不去营造什么罪孽观念和追求什么彼岸理想。在他们看来，人性即是神性，人间即是天国，人生在世就应该理直气壮地追求快乐，满足人欲。

但是东方彼岸主义宗教的情况却迥然相异，小亚细亚、西亚、埃及等地区自古以来都有着严格的社会分层：上流社会醉生梦死，极度奢靡；下层民众则过着水深火热、牛马不如的苦难生活，而且其处境终生不可能得到改善。在这样的情况下，民众就很容易对现世生活产生一种深切的绝望和厌弃心理，而对来世幸福充满了热烈的期望。正如现代德国犹太籍哲学家瓦尔特·本雅明所言："正是因为现实世界中充满了绝望，人们才被赋予了希望。"对于理想境界的希望往往根植于现实生活的绝望之中，绝望的程度越深，希望也就会变得越强烈，从而孕育出一种彼岸主义的宗教信仰，使人们将满腔的热情都投入对天国的期盼之中。这种滋生于现实苦难之中的彼岸主义宗教与希腊人、罗马人所信奉的入世宗教有着天壤之别，二者在精神气质上是格格不入的。

当罗马人征服了东方地区之后，小亚细亚、西亚、埃及等地的古老宗教信仰也反向地渗入罗马帝国。这些宗教虽然带有神秘主义气息，其中有些宗教（如埃及的伊西斯崇拜）也渲染来世，但是它们与希腊罗马宗教一样都属于多神教，所崇拜的神祇大多也是掌管风雨雷电、生育死亡之类的自然现象的神祇。因此，这些宗教与罗马宗教之间并不存在太大的差异和矛盾，彼此能够和谐相处，甚至相互融通。但是犹太教和基督教的情况就完全不同了，这两种有着血脉关系的一神教所崇拜的不再是诸多的自然现象，而是独一的精神性的神灵。这个神无形无相，超越了一切有形事物，整个世界都是他创造的结果（希腊罗马多神教中不存在这样一位法力无限、主宰万物的绝对神明，诸神各司其职，即使是众神之王宙斯或朱庇特也无法主宰自己的命运）。在罗马人征服以色列地区之前，犹太民族曾经遭受了一千多年的历史磨难。长期不得解放的苦难处境致使犹太民族发展出一种唯我独真的一神教信仰，这种宗教相信苦难深重的犹太人一定会在世界末日得到唯一真神的解救，而其他民族则将遭受上帝的永罚。这种虔诚的一神教信仰和强烈的复仇心理使得犹太民族与周边其他民族长期处于格格不入的抵触状态中。到了罗马帝国治下，犹太人又与罗马人弄得剑拔弩张。多神教信仰往往是兼收并蓄的，而一神教信仰却是具有排他性的，这也是犹太民族在罗马帝国遭受迫害、丧失家园的重要原因。

基督教最初是从犹太教的母体中脱颖而出的，它继承和发扬了犹太教的一神教信仰和罪孽－救赎观念，并大力渲染灵魂与肉体、天国与人间的二元对立。但是从产生之初，基督教就选择了一条不同于犹太教的以柔克刚路线。它不是像犹太教那样硬以鸡蛋碰石头，而是如同癌细胞一般在罗马帝国的躯体内生长扩散，潜移默化地吞噬和腐蚀着罗马人的信仰体系和精神根基。基督教的创始者耶稣被罗马帝国派驻叙利亚的总督彼拉多钉死在十字架上，但是耶稣的信仰者们却通过坚持不懈的努力来传播基督的福音，最终使弱小的基督教信仰在罗马世界里生根发芽、开花结果，最终长成参天大树，彻底取代了罗马人信仰了千年之久的多神教。

基督徒信仰的神与希腊人、罗马人信仰的神有着天壤之别，二者形成了强烈反差。希腊罗马多神教所崇拜的神祇，大多是一些身材伟岸、欲望旺盛、争强斗狠、恣睢放纵的强悍之徒；而基督教的神则是一副瘦骨嶙峋、逆来顺受的懦弱模样，充满了屈辱、痛苦甚至软弱的特点。然而，就是这样一个羸弱不堪的"救主"（即基督），一个被罗马统治者钉死在十字架上的

希腊罗马多神教的神

基督教的神

"罪犯"，最终却取代了威猛剽悍的希腊罗马诸神，成为罗马官方和广大民众信仰的对象。这的确是一个颇为吊诡的历史文化事件！

"基督"王国与"恺撒"王国的权力博弈

基督的信仰者们最初在罗马帝国的传教历程是一部辛酸的血泪史，也是一部以和平主义的天国福音来对抗罗马帝国的残酷迫害的精神感召史。公元 33 年，罗马驻叙利亚总督彼拉多以聚众造反的罪名把一位名叫耶稣的犹太民众领袖钉死在十字架上。据说耶稣在死后第三天复活了，以圣灵的形式感召了他的门徒，鼓励他们把他的福音——罪得赦免和死而复活的天国理想——传遍世界。耶稣最初的信徒们主要是一些犹太下层民众，他们遵循耶稣的教导，离开以色列，分散到各地，在罗马帝国的疆域内外广泛地传播基督的福音。其中一位名叫彼得的门徒大约在公元 42 年辗转来到了罗马帝国的首都罗马城，在那里建立了第一个教会。此后，各地教会也纷纷出现。公元 64 年尼禄皇帝以罗马纵火案为由公开迫害基督徒，作为教会领袖的彼得也首当其冲成为殉道者。彼得的名字在希伯来语中的意思是"磐石"，因此后来的基督徒们都宣称，基督教会是建立在磐石之上的。

当基督教在罗马帝国获得了合法地位之后，人们就在彼得殉道的地方修建了一座教堂。在此后一千多年的时间里，随着基督教信仰的不断传播和教会实力的日益壮大，这座纪念彼得殉道的教堂也不断地被修缮更新，至今已经成为全世界天主教的神圣中心，这就是梵蒂冈的圣彼得大教堂。这座大教堂的正门外左侧，矗立着手执两把金钥匙的圣彼得巨幅雕像，这两把钥匙分别代表着开启天国之门和掌管世俗权力。按照《圣经》里的说法，复活显现的基督亲手把这两把钥匙交给了彼得，明确地向他宣称："天上地下的权柄我都交给你了。"因此对于基督徒来说，彼得（以及他的历代接班人，即罗马教会的教皇们）不仅拥有代表基督决定世人上升天国的权力，而且还握有统治现实世界的权柄。这个历史传统构成了中世纪西欧社会的"君权神授"理论——罗马教皇代表基督把统治现实世界的权力转交给世俗统治者——的重要根据，也是今天美国总统在宣誓就职时仍然要手按《圣经》（上帝通过人民把领导国家的权力赋予总统）的宗教背景。

早期的基督徒们在罗马帝国遭受了残酷的迫害。基督教被罗马统治者和大多数民众视为邪教，一些不愿悔改的基督徒被驱赶到竞技场中供狮子、老虎等猛兽撕咬，或者像耶稣和彼得一样被钉在十字架上。但是基督徒们却在信仰的感召下前赴后继地走向殉道之路，早期教会领袖德尔图良曾说："基督徒的鲜血成为教

圣彼得大教堂和手执两把金钥匙的圣彼得雕像

会的种子。"随着罗马帝国逐渐走向衰朽没落，基督教关于天国福音的信仰感召力也与日俱增，教会的力量日益壮大。到了公元4世纪初，君士坦丁皇帝在大势所趋的情况下，不得不顺应时代潮流承认了基督教的合法性。他不仅成为基督教的解放者，还主持召开了基督教世界的第一次大公会议，并且在临终之前接受了基督教的洗礼，成为第一位信仰基督教的罗马皇帝。再往后，狄奥多西皇帝又在公元380年以后颁布了一系列法令，将基督教确立为罗马帝国的国教，要求全体人民都必须信仰基督教。朱庇特、马尔斯、密涅瓦等神祇的神庙和塑像被摧毁了，基督教在经受了数百年的苦难历程之后终于扬眉吐气，修成正果，"在朱庇特神庙的废墟上竖起了胜利的十字架的旗帜"。

在基督教信仰的传播和壮大过程中，基督教会作为一个现实的组织机构同样也获得了长足的发展，从而把一种二元化的权力关系带入罗马帝国以及后世西方社会的政治结构中，形成了教会与国家、"基督"与"恺撒"之间的旷日持久的权力博弈。这种二元权力结构成为贯穿于西方社会历史的一条红线：一边是"恺撒"的王国，即从古代一直到中世纪和近代的形形色色的"罗马帝国"（古罗马帝国、法兰克帝国、神圣罗马帝国等），它统治着帝国疆域和封建领土中的臣民们；另一边是"基督"的王国，即作为基督设在人间的采邑的罗马教会，它是所有基督信仰者的灵魂引渡者和效忠对象，其组织如同蛛网一般遍布于西欧的土地上。早在基督教仍处于受迫害的处境中时，罗马教会就以神圣天国的名义来与世俗的罗马帝国相抗衡。到了漫长的中世纪时代，羽翼渐丰的罗马天主教会更是与昙花一现的法兰克帝国以及徒具虚名的神圣罗马帝国——18 世纪法国大文豪伏尔泰曾经嘲笑它"既不神圣，亦非罗马，更称不上是一个帝国"——展开了激烈的权力博弈。中世纪西欧社会的每一个现实存在者既隶属于世俗国家的统辖，又具有基督教信仰，从而就使这种二元权力之争表现得更加错综复杂，就如同一个人自己的手足互搏一样。即使到了西方近现代社会中，这种教俗之争仍然存在，只不过由于政教分离，彼此的冲突已经不再像中世纪那么激烈罢了。

　　基督教传入罗马帝国之后，不仅颠覆了罗马人传统的多神教信仰，而且也从根本上改变了西方政治的权力结构——教权与王权之间的分庭抗礼取代了罗马皇帝的绝对专制。随着朱庇特神庙的轰然坍塌，屋大维与戴克里先所确立的君主集权体制逐渐被教会与国家的分权制衡体制取代，一统江山的罗马帝国也转化为分崩离析的封建社会。

"基督"王国与"恺撒"王国、神圣教会与世俗国家之间的这种权力之争，构成了自基督教产生，尤其是国教化以来西方文化的专属特点。"恺撒"的世俗权力之上，还有一种更高的政治权威，即基督的权柄，其在人间的代表就是罗马教会。教权与王权分庭抗礼甚至凌驾于王权之上，构成了王权合法性的神圣根据

（"君权神授"）。这种二元化的权力结构是与东方传统社会中王权至上的君主专制模式——在这种绝对的君主专制面前，所有的宗教信仰和教会组织都只能处于俯首听命的从属地位——大相径庭的，由此也奠定了东西方政治体制分道扬镳的重要文化根基。

第 III 章

罗马法

说起希腊，人们往往会想到优美的神话和睿智的哲学；说起罗马，最具有历史影响力的东西莫过于法律了。罗马是一个追求实利的民族，从建国之初罗马人就非常注重法律的建设，在宗教信仰的基础上发展出各种协调法权利益和人际关系的法律规范。共和国建立之后，罗马法日益走上了独立发展的道路。在平民与贵族的利益冲突和权力博弈的过程中，各种协调公民关系的法律条文不断产生和完善。到了罗马迅猛崛起，成为地跨三大洲的超级帝国之后，罗马法也在协调各种法权关系——罗马公民与公民、公民与非公民自由人，以及公民与奴隶等不同人群关系——的过程中变得越来越细致完备，成为罗马帝国赖以长期有效治理广阔疆域的重要根据，并对后世西方社会产生了深远的影响。

第 I 节

罗马法的文化背景和基本结构

法律与罗马人的民族性格

系统而完备的法律体系是罗马人对于后世西方社会的最重要的贡献，罗马法的产生及发展与罗马人的民族性格息息相关。希腊人追求个人的自由，罗马人则注重整体的秩序。希腊人的自由精神营造出了那些美轮美奂的文化形态，如文学、艺术、哲学等，这些东西都充满了个性化的特点，它们可以陶冶情操、提升智慧，却不能用来安邦治国。而罗马人对整体秩序的强调导致了法律的健全与完善，法律主要是用来协调人们的经济利益和政治权利、制约众人的行为的。一群人聚集在一起共同生活，要想和谐相处，保障各自的利益，确定彼此之间的权责关系，就需要制定一些规范，这些规范就是法。就此而言，诚如希腊人开创了一系列务虚的文化形态一样，罗马人创建了一套务实的法律体系，从而有力地推动了国家的兴旺发达，为罗马帝国的长治久安和后世西方社会的法治体制奠定了坚固的基础。

研究罗马史的日本著名专家盐野七生在评价罗马法的重要意义时这样写道：

> "犹太人以宗教约束行为，
>
> 希腊人以哲学匡正行为，
>
> 罗马人以法律规范行为，
>
> 由此决定了他们各自的民族特性。"

犹太人最早创立了一神教信仰，并从犹太教中衍生出基督教，从根本上改变了西方文化的面貌。希腊人开创的诗歌、竞技、雕塑、戏剧、哲学等文化形态为后世西方文明树立了永恒的典范，千百年来一直陶冶、净化着西方人的精神世界。而罗马人所建立和完善的法律体系则为数千年来的西方社会提供了基本的行为规范，维系着西方社会的有序发展。

从起源的角度来看，罗马法的早期发展是与罗马国家的起源状态密切相关的。按照一种通俗的说法，罗马国家最初就是一种强制性的产物，罗马历史学家李维认为罗马起源于一种招降纳叛的"垃圾堆状态"，黑格尔说道："罗马就是靠一种强力把一帮杀人越货、逃亡欠债的人约束聚合在一起的。"按照罗马史的记载，罗马城在草创之初，罗慕路斯兄弟曾向所有的亡命者敞开国门，不论他们是什么出身，来自何处，犯了什么罪行，罗马人都照收不误，但前提是亡命者必须死心塌地地遵守罗马人的规矩，为罗马效命。

　　从某种意义上说，早期的罗马就像是一个黑社会。这个黑社会有着严格的帮规，所有成员都必须无条件地遵守。罗马人劫掠萨宾妇女的故事，最初三个族群——拉丁人、萨宾人、伊特鲁里亚人——合三为一的历史，以及罗慕路斯手足相残的传说，都反映了罗马国家起源的强制性特点。对于一个依靠强力而整合起来的国家来说，其必须确立严明的纪律或规则来约束集体内部的每一个成员，使人们按照统一的规范来行事。只有这样，才能保证那些剽悍的杀人越货之徒能够和谐相处，并在国家的统一调度之下去进行对外扩张和武力劫掠。

　　因此，罗马人从一开始就展现出与具有"小资情调"的希腊人截然不同的精神气质。他们对于那些温情脉脉的东西不屑一顾，而只注重铁一般不可伸缩的纪律和法律。罗马人这个民族既然在产生之初就养成了勇猛暴戾、唯利是图的性格特征，他们也唯有在法律的刚性约束下才能步调一致地去开疆拓土、建功立业。因此，罗马国家从一开始就表现出一个法治社会的基本特点——罗马人具有极强的法权意识和法治观念。一个严格守法的民族或许是缺乏自由和美感的，与浪漫多情的希腊人相比显得冷漠、枯燥和无趣，但是它却能在这种索然无味的精神氛围中不断地奋发精进，创造辉煌。这种唯法是从的精神气质也是与罗马人的质朴、勇敢、严肃、虔诚等民族性格相契合的。

希腊文化可以用一个"美"字来概括，而罗马文化则可以精炼为"力"和"利"二字——罗马人在追功逐利的过程中表现出气势磅礴的力度。正因为罗马人是一个注重功利的民族，它必须在现实生活中对各种人群的利益关系及其相应的权利义务进行明确的规定，从而形成了严格的法权规范。罗马最初只是台伯河畔的一个小部落，后来在扩张的过程中将越来越多的族群和地区囊括到自己的势力范围内。在此过程中，它必须因地制宜、因时制宜地制定出一些可操作的现实规范和政治秩序来协调那些具有不同文化背景的族群和国家之间的法权关系。在共和国的早中期，当罗马人主要着力于处理贵族与平民、国家与公民的法权关系时，他们逐渐建立与完善了包括私法、公法和程序法的公民法体系。而当罗马成为一个超级帝国，把地中海周边的各个民族和国家都纳入自己的统辖范围内之后，罗马法就不仅要处理罗马公民与公民之间的利益关系，而且还要处理罗马公民与非公民自由人之间的利益关系，以及非公民自由人相互之间的利益关系，于是公民法之外又发展出包罗万象的万民法，以及作为实体法之法理学根据（哲学根据）的自然法，最终形成了一个博大精深、细致完备的法律体系。

与彼此分离、各自为政的希腊城邦相比，罗马帝国的一个基本特点就是一统天下。而政治的统一是建立在法制的统一基础之上的，没有统一的法度，国家就不可能实现真正意义上的政治统一。罗马人用火与剑来征服世界，然后就用路与法来治理万邦。罗马帝国之所以能够长治久安，傲然挺立，除了军事征服之外，主要就是依靠法治的手段。由此看来，法律成为罗马文明留给后世西方社会的最重要的文化遗产也就不足为奇了。

罗马法的宗教根基

像一切古老民族的法律起源一样，罗马法最初也是建立在宗教崇拜的基础之上。宗教表现了神对人的行为方式的规范约束，法律则是国家统治者对人的行为方式的规范约束，后者建立在前者的基础之上。古埃及法老的司法权力是以正义女神玛特为根据的，同样，希伯来的"摩西十诫"、新巴比伦的《汉谟拉比法典》、古印度的《摩奴法典》等，也是以神的名义，在宗教崇拜的基础上制定的法律。从古史的角度看，国家的形成总是与"立法者"联系在一起，正如吕库古之于斯巴达，德拉古和梭伦之于雅典一样，罗慕路斯和努马也是罗马国家最初的立法者，而他们当时赖以建立法律的根据就是传统的宗教信仰。宗教信仰产生了最早的行为规范和人际约束，法律本身就是在宗教崇拜和祭祀活动中产生的。

　　罗马最早的法律就是通过祭祀占卜活动而实现的神裁法。按照罗马史的记载，在罗马城草创之初，罗慕路斯与其弟雷慕斯因争夺王位而发生了冲突。由于当时尚未有相关的法律规定（如立嫡立长等），因此兄弟两人就商定通过神裁法来解决争端。罗慕路斯及其追随者控制着帕拉蒂尼山，雷慕斯率领自己的支持者占据了阿文庭山，双方约定，谁能够招来更多的鹰，谁就将成为罗马的第一任国王。结果雷慕斯所在的阿文庭山迎来了 6 只鹰，而罗慕路斯所在的帕拉蒂尼山却有 12 只苍鹰在盘旋。根据神裁法，罗慕路斯理应成为罗马国王。但是弟弟雷慕斯不服，于是双方的支持者们发生了武力冲突，哥哥罗慕路斯杀死了弟弟雷慕斯，成为罗马的第一代国王。

　　　根据神裁法，帕拉蒂尼山上盘旋的 12 只苍鹰不仅决定了罗马的首任国王，而且"12"这个数字还具有更深刻的历史寓意。后来的卜筮者们解释，这个数字意味着罗马将延续 12 个世纪。结果，从公元前 753 年罗马建国，到公元 476 年西罗马帝国灭亡，正好经历了 12 个世纪。关于鹰的故事，也如同狼的传说一样驰名罗马。自从马略进行军事改革之后，罗马军团统一使用鹰徽作为军旗的图案（后世西方的一些强权国家也同样将鹰徽作为国徽或国旗图案），马略本人也曾以 7 只雏鹰的传闻为自己担当 7 任执政官的政治理想制造舆论。

在罗马法律还没有形成的时候，罗马人处理许多重要的公共事务，如宣战、媾和、公共设施的建设以及重要职位（包括国王）的推举，都要通过祭祀占卜仪式来寻求神的意向。罗马第二代国王——英明的统治者努马也是以神意为名，为建立不久的罗马国家制定了一系列重要法律，例如由库里亚大会来推举国王、制定月亮历法等。

努马既是国王，同时也身兼大祭司长，负责主持宗教祭祀仪式，以神的代言人的身份来宣称和解释神意。据说努马在执政期间经常会突然失踪，他说自己是到一个隐秘的森林里去聆听一位名叫厄革利娅（Egeria）的女神宣布神谕，这些神谕就形成了最早的法律规范，努马正是在厄革利娅的启发和帮助下为罗马制定了一系列法律和制度。这种情形与古希腊斯巴达的"立法者"吕库古的故事具有异曲同工之妙，按照希腊人的说法，立法者吕库古也是在德尔菲神庙的阿波罗神谕的启发下为斯巴达人制定了一些基本的法律规范。吕库古生活的时代与努马的时代大体相当，他和努马一样，也是从神那里获得了统治国家的艺术，即"大公约"或律法（Rhetrae）。可见最初的法律都带有浓郁的宗教色彩，都是以神的名义来宣布的。法律之所以能够在公共社会中具有权威性，就是因为它建立在宗教崇拜的基础之上。

吕库古在为斯巴达立法之前，专程去了一趟希腊的宗教圣地德尔菲神庙。他从神庙回来后，就宣称自己从阿波罗那里领受了神意，并据此颁布了三条律法。斯巴达根据第一条律法建立了由 28 个元老和两位国王共同统治的寡头政治，根据第二条律法确立了限制贫富分化、实行平均主义的经济政策，根据第三条律法树立了崇尚勇武、恪守质朴的生活方式。

当吕库古为斯巴达城邦制定了法律规范之后，他再次离开斯巴达前往德尔菲神庙，并在临行之前宣称，在他从德尔菲神庙获得新的神谕回来之前，这些神圣的律法是不可更改的。吕库古从此一去不复返，斯巴达人的法律也几乎没有改变过，斯巴达由此成为一个泥古不化的城邦。

可见，无论是在古希腊还是在古罗马，最初的国家立法者都是以神谕为根据来制定和颁布法律的。法律作为一种"统治的艺术"，必须以神谕为神圣的权威保障，正如国王通常是以神的代言人的身份（"大祭司长""法老""天子"等）出现在民众面前一样。维吉尔在《埃涅阿斯纪》里描述努马"头戴橄榄枝，手捧圣器……第一次给罗马城奠定了合法的基础"；李维在《自建城以来的罗马史》中对努马立法的奥秘揭示道：

"努马登上王位后，想让罗马这座建立在军队和武装的基础之上的城邦焕然一新，所以他引入了良好的习俗和公正的法律。他知道，如果没有某些神秘的故事，对神的畏惧是很难深入人心的。于是他多次独自一人前往一座有小溪穿过的森林里，

厄革利娅女神向努马口述罗马法律

假装在森林深处与女神厄革利娅彻夜交谈，并且每次回来后都立即向市民大会提出新的提议，就仿佛是从女神那里获得了诸神的旨意一样。"

罗马刑法的产生也与宗教信仰有关，最早的刑罚就是宗教意义上的赎罪。因为对共同体成员实施的犯罪也是对神的亵渎，因此罗马人要采取一种具有赎罪意味的刑罚方式来对此加以惩处。这种惩处往往会采取原始的同态复仇方式，所谓同态复仇，就是以牙还牙，以眼还眼，别人怎么伤害了你，你也有权利同等地报复他。这种复仇方式具有强烈的赎罪意味，它尚未受到文明社会的道德法则的净化，因此表现得非常残酷。

罗马共和国的法律依据

公元前 509 年罗马共和国建立以后，为了协调社会内部不同阶层之间的利益冲突和权力博弈，以及调解对外扩张中日益突出的族群关系，罗马法的内容也变得越来越复杂，而且它逐渐摆脱了宗教的制约而走上了独立发展的道路。在拉丁语中，"共和"（res publica）一词即指公众事务，包含共同体的所有成员（即人民）共享权力、共同治理之意。既然是公众事务，当然就需要相应的法规来协调众人的利益，约束众人的行为。西塞罗在《论共和国》中这样写道：

> "共和国属于人民大众所有。不是以任意的方式而聚集形成的人的集合均是人民共同体，人民共同体是一个不仅居于共同的利益需要，而且首先居于共同的法律认识而联合形成的人的共同体。"

西塞罗是罗马最杰出的法学家。他原是律师出身，后来成了元老院中的共和派领袖。西塞罗在这段话中明确表述，一帮乌合之众并不能构成人民共同体，人民共同体的首要前提和精神实质就是大家必须认同并遵守共同的法律，在法律的框架下组成共同体。这样的人民共同体就是共和国。

法律构成了罗马共和国的精髓和根基，并随着共和国的发展而不断完善。前面已经强调，共和政制的实质就是不同利益集团之间权力博弈的动态平衡。在罗马共和国的数百年演进过程中，维系这种动态平衡的关键就在于不断制定和更新的立法。罗马元老院、公民大会以及执政官、法务官等行政官员根据现实的需要，制定和颁布了大量的法律、法规和法令，旨在协调贵族与平民、富人与穷人、罗马公民与非公民之间的权责关系。共和国时期的法律来源非常繁杂，各种具有公共权威性的成文规范共同汇聚成为罗马法。

从法理上来说，公民大会是罗马共和国法定的立法机构，公民大会通过的决议理所当然地成为罗马法尤其是私法的重要来源。此外，在法理上作为咨询机构，但实际上掌握着立法权的元老院所制定的法令同样也成为罗马法的重要内容，只是这些法令更多地涉及公法的范畴。因此，数百年间不断制定和颁布的罗马公民大会决议和元老院法令共同构成了罗马法的重要来源。

从法理学的角度来说，共和国是以共同的法律认同为基础的人民共同体，罗马公民大会是真正的立法机构，公民大会通过的决议才是至高无上的法律。相对而言，元老院法令的权威性则应稍逊一筹，因为元老院在法理上只是国家的一个咨询机构。但是在共和国的发展过程中，由于以贵族为主体的元老院一直有效地控制着国家的政治权力，发挥了中流砥柱的作用，所以它实际上成了罗马共和国最重要的立法机构。相比之下，公民大会则更多地具有乌合之众和情绪化的特点，因此其立法功能也随着国家版图的扩大和共和国性质的蜕变而越来越丧失了效用。

除了公民大会和元老院之外，法务官在罗马法的建设方面也多有贡献。法务官即副执政官，有时候也叫作大法官，他们是执政官的副手，主要为执政官处理司法方面的事务。按照罗马"年功序列"的规定，从政者往往要在担任过法务官之后，才有资格竞选执政官。

法务官在和平时期的主要职责就是帮助执政官处理司法事务，而在战争期间则担任执政官的军事副手。通常元老院制定的法令都涉及国家大事，诸如宣战、媾和、官员指派、财政支出等；而公民大会通过的决议则关系土地分配、粮食供给、财产归属等公民权利和民生事宜。至于一般的司法案件，由于罗马没有独立的司法机构，所以往往由法务官来负责处理。这样一来，法务官在处理司法案件时所做出的判决结果也构成了罗马法的一个重要来源。这种源于案例判决的法律规范颇类似于现代的英美法，具有经验性和灵活性的特点，而且与每一位法务官的素质、爱好、性格等因素密切相关，不同的法务官在不同的时空情景下对于同类案件做出的判决结果可能是不一样的。

后来随着罗马版图的日益扩展，法务官所要处理的司法案件也变得越来越复杂，他们经常需要因地制宜、因时制宜甚至因人制宜。这些司法案件的判决结果汇集在一起，就构成了所谓的"裁判官法"。后来罗马人又在"裁判官法"的基础上，通过不断丰富的司法实践，最终形成了包罗万象的万民法。

公民法、万民法和自然法

在共和国四百多年的发展过程中，罗马公民大会和元老院不断运用立法手段来调解贵族与平民之间的权利冲突，制定和颁布了许多具有实效的法律，逐渐形成了包括公法与私法、民法与刑法、实体法与程序法等在内的罗马公民法体系。但是在罗马帝国广阔的疆域里，罗马公民法仅仅适用于具有罗马公民权的法律主体，当涉及罗马公民与意大利周边地区的非公民自由人之间的利益关系，以及非公民自由人彼此之间的利益关系时，罗马公民法就不再具有法律效力。这时候往往就需要法务官等司法主管者根据具体情况，实事求是地予以协调处理。在这样的情况下，以历代法务官的司法案例和裁判告示为主要内容的罗马万民法就应运而生了。万民法又称为"各族人民的法"，与罗马公民法形成了彼此补充、相得益彰之势，共同构成了罗马法的重要组成部分。由于罗马已经膨胀成为一个超级帝国，版图之内涵盖了不同地区和不同民族的各类人群，协调这些数量众多且不具有罗马公民权的外邦自由人的法权关系，只能依据在长期司法实践中逐渐积累起来的案例经验。相比起严谨刻板的公民法，罗马万民法不仅在内容上更加丰富广博（因其处理的对象更为庞大复杂），而且也具有灵活便利的特点，能够满足不同于罗马公民的其他法律主体的法制需要。作为罗马法的重要组成部分，万民法超越了狭隘的民族主义藩篱，充分体现了罗马作为世界帝国的法治精神。

公民法是规范罗马公民之间的法权关系的，在共和国发展的早中期阶段，公民大会决议和元老院法令已经很好地建立和完善了公民法体系。当罗马帝国迅猛扩张之后，其疆域之内的法律主体也日益复杂化，已经不仅仅是单纯的罗马公民和奴隶，而且还包括许多不具有或不完全具有罗马公民权的自由人。罗马法一向注重法律平等，不同身份地位的自由人也应享有相应的法权待遇，罗马万民法就是要秉承这种法律平等的精神，公正地处理罗马公民与非公民自由人，以及非公民自由人彼此之间的法权关系，充分体现出一种实质不平等情况下的形式平等原则。

罗马是一个囊括了地中海周边诸多国家和地区的世界帝国，罗马万民法就相当于今天的国际法。但是到了公元 3 世纪，随着卡拉卡拉皇帝把罗马公民权无差别地赋予帝国境内的所有自由人，罗马公民与非公民自由人之间的法权差别就不复存在了。于是，适用于不同法律主体的公民法和万民法之间的界限也日益消失，二者在一些皇帝主持的法典编纂过程中逐渐整合为统一的罗马法。

就罗马法的整体结构而言，除了公民法和万民法之外，它还有一个重要的组成部分，即自然法。自然法与公民法、万民法等实体法不同，它构成了罗马法的法理学基础，其思想内容主要来自希腊的斯多葛主义哲学，其主旨就是从自然之中寻找对于所有理性存在者——人和神——一视同仁的普遍原则或法律规范。斯多葛主义认为，纷繁复杂的宇宙万象背后，蕴含着一种普遍性的世界理性或曰"逻各斯",它制约着一切事物的生灭变化,每个人或人类社会的智慧就在于深入认识和严格遵循这种理性法则,顺应自然,服从命运。自然法把法的精神或原则从可操作的实用层面提升到形而上的高度,试图用抽象的哲学来加强法律的神圣性和权威性,就如同早期的立法试图从宗教崇拜中寻找根据一样。随着罗马法摆脱宗教的影响而独立发展,法律的根基也逐渐由宗教转变为哲学,神的旨意日益被自然的本性取代。

自然法的产生与发展意味着罗马法已经日臻成熟,作为法理学的自然法与适应社会现实需要的实体法分别构成了罗马法的根基和主干。罗马法不仅为后世西方社会提供了丰富的法律条文和司法案例,而且也创立了一套以自然理性为终极根据的法理学理论体系,后者构成了西方法学的不朽灵魂。法之为法,并非只是某个统治者的意志体现,也不是立法者一时心血来潮的天才创见,而是以一种普遍性的原则为最终根据。这种原则就是自然理性(到近代则为普遍人性)的原则。所有的法律都必须符合自然理性的原则,尊重普遍的人性权利,这就是法的精神,也是西方法学的精髓所在。

罗马成文法的发展

《十二铜表法》对罗马成文法的奠基

在共和国初期，罗马法经历了一个从习惯法到成文法的转化过程。罗马最初的法律都是建立在宗教崇拜和约定俗成基础上的一些不成文的习俗或习惯，这些习惯法通过统治者或祭司的口头发布而出现，虽然也被记载，却不公之于世，因此也被称为口头法。习惯法或口头法的解释权完全掌握在社会权贵手中，其依靠政治首领或宗教权威——二者往往是合二为一的——的公权力来加以实施。随着文明水平的提升以及共和国内部权力博弈的激化，以权势者的主观解释为依据的习惯法逐渐转变为对所有人具有同等效力的成文法。成文法的出现意味着罗马法的真正创立，因为只有公之于世的成文法律才从形式上保证了法无例外的客观平等效应。

　　罗马共和国颁布的第一部成文法就是大名鼎鼎的《十二铜表法》。这部法律是镌刻在十二块铜板（一说木板）上面公布的，它对于罗马成文法具有重要的奠基作用。从此以后，罗马公民大会和元老院所通过的重要法律、法令都会以成文方式公示在罗马广场的公告区，让全体罗马公民能够清楚地了解法律的主要内容。

　　《十二铜表法》的许多法律条文在内容上是对此前习惯法的继承和总结，但是它也添加了一些新法规。更重要的是，它不仅开创了成文法的范例，而且也奠定了一些基本的法律原则，例如保护私有权利、法无例外（法律面前人人平等）、按律量刑、后法高于前法等，这些原则构成了罗马法的精髓。出于保护贵族和奴隶主的现实利益的需要，罗马法一向非常重视私有财产权，而法无例外的原则也使得这种私有权利同等地落实到具有罗马公民权的平民身上。按律量刑虽然还带有明显的同态复仇痕迹，却使刑罚具有了客观的标准，遏制了任意的过度报复。除此之外，由于《十二铜表法》既是对以往习惯法内容的沿袭，又有一些更新之处，所以它也确立了法律变更的一个原则，即如果以后有新制定的法律与《十二铜表法》的内容相矛盾，那么后法高于前法。这样就注定了罗马法与时俱进、常变常新的基本特点。

　　罗马法不仅包括人法（规定人格与身份的法律）和物法（关于财产关系的法律），而且还涉及诉讼程序，这些内容都在

《十二铜表法》中得以奠立。《十二铜表法》是罗马的第一部成文法，它的内容广泛涉及传唤、审理、执行等诉讼程序，家长权、继承与监护、所有权与占有、财产纠纷等公民权利，私犯（对人身或人格的侵害）、公共法、宗教法以及婚丧禁忌等诸多方面。这些法律条文为后来不断完善的罗马公民法奠定了重要的基础，构成了罗马法的真正源端。

自从《十二铜表法》奠定了罗马的成文法根基之后，罗马人在后来的两百年间又不断地制定出许多新法律。这些新法律的颁布和实施有一个非常重要的现实背景，那就是罗马平民不断地向贵族伸张自己的权利，甚至不惜采取脱离运动的激进手段。最初罗马习惯法的解释权完全掌握在权贵手中，平民是没有解释法律的权利和能力的。公元前 449 年《十二铜表法》的颁布，固然规定了法律面前人人平等的基本原则，但是作为第一部成文法，《十二铜表法》难免带有许多习惯法的痕迹，无论是在法律内涵方面还是在形式方面仍然明显地偏重于贵族。因此，在《十二铜表法》颁布后的两百年间（从公元前 5 世纪中叶到公元前 3 世纪中叶），平民们继续通过各种抗争来向贵族索要自己的应有权利。而这两百年正是罗马共和国从一个弹丸之地开始加速对外扩张的重要时期，贵族们必须团结平民阶层一致对外才能取得扩张战争的胜利。在这样的情况下，罗马元老院只能不断地颁布新法律来满足平民的经济要求，提高他们的政治权利，避免双方因矛盾激化而走向直接冲突甚至武力对抗（像共和国后期那样）。所以在这段时间里，罗马共和国出台了许多保障平民利益的重要法律，如《卡努优斯法》（公元前 445 年）、《李锡尼－赛克斯法》（公元前 367 年）、《彼提留法》（公元前 326 年）、《瓦列里亚法》（公元前 300 年）、《霍腾西阿法》（公元前 287 年）等。这些法律或打破了贵族与平民之间的血缘界限，允许平民和贵族通婚；或保证了平民的参政权，规定平民可以和贵族一样担任执政官等国家重要官职；或维护了平民的基本利益，如限制贵族占有公地数量、缓解平民债务、废除债务奴役、确认公民上诉权等；甚至还规定了平民会议决议具有与百人团会议决议同等的法律效力，从而使平民会议成为真正意义上的立法机构。正是这一系列法律的颁布和实施，才使得平民与贵族摒弃前嫌，同心协力一致对外，从而保障了从公元前 3 世纪中叶开始的一系列海外扩张战争——三次布匿战争、四次马其顿战争、征服西班牙和小亚细亚等地的战争——的不断胜利。由此可见，正是这些法律的制定从根本上保证了罗马两大社会集团的利益协调和罗马共和国的迅猛发展。

再往后，随着罗马版图拓展到意大利本土之外的地方，罗马法律又要开始面对非公民自由人的权利问题了。于是，建立在"裁判官法"基础上的万民法就逐渐发展起来，专门用来处理更加复杂的法律主体之间的利益关系。而且罗马公民法和万民法不仅要适用于不同的法律主体，还要与罗马帝国政治、经济一体化的现实要求相适应，以实现一种形式化的法权平等。这种法权平等的精神宗旨使得罗马人从希腊哲学中借鉴了普遍性的自然法思想，为罗马法的进一步发展奠定了重要的法理学基础。

虽然罗马人在文学和哲学方面无法与希腊人相提并论，但是他们却在法律方面独树一帜，恩泽后世。而《十二铜表法》作为罗马的第一部成文法，成为博大精深的罗马法律体系的滥觞。《十二铜表法》虽然还带有同态复仇和宗教法规的浓郁色彩，但是它却广泛地涉及了人法、物法、诉讼法以及公法等许多方面，为后来罗马法的演进奠定了坚实的根基。由于确定了后法高于前法的基本原则，《十二铜表法》中的那些野蛮、迷信的传统因素后来逐渐被不断更新的罗马法律取代，罗马法也在与时俱进的变革过程中发展成为一个学理深厚、运用广泛的法律体系。

《十二铜表法》的基本内容

《十二铜表法》是分两次颁布的，公元前 451 年，罗马共和国负责立法的十人委员会颁布了十条成文法律，第二年又制定了两法，却迟迟不予公布。经过了罗马平民的第二次脱离运动和解散十人立法委员会的风波之后，剩下的两条法律才于公元 449 年颁布。《十二铜表法》的前十表是实质性的法律条文，后面两表

《十二铜表法》的颁布

则是对前十表的法律补充。

《十二铜表法》的主要内容如下：

第一表"传唤"，涉及诉讼传唤的规定和担保原则，以及民间调解和法庭判决的相关规定。该表中的法条规定，原告到法庭控告被告，如果被告拒绝出庭，原告有权在邀请第三方作证的情况下强迫被告到庭，甚至可以采取武力捆绑的手段。这条法律明确保护控诉人的权利，却带有传统习俗的强制特点。

第二表"审理"，涉及诉讼费用、诉讼程序和证人出庭的相关规定。

第三表"执行"，涉及债务审判结果的私人强制执行规定。如果欠债人被法庭判处在一定期限内偿还债务而逾期不还，那么债权人就可以限制其人身自由；如果再过一段时间还无人为其偿还债务，债权人就可以任意处置他，将其卖到外国或者剥夺其生命。这条法律明显具有维护债权人权利的特点，同时也带有明显的原始强权色彩，它颇得债权人和富贵者的欢心，却深为债务人和贫穷者所不喜。

第四表"家长权"，明确规定了家长对家庭成员的绝对支配权和处置权。早期罗马社会是一个极其专制和严苛的父权社会，父亲在家庭中具有绝对的权威，他不仅对家属拥有指使权和命令权，可以任意地打骂责罚他们，而且也有权以某种理由剥夺子女的生命，或者将孩子带到市场上去出售。该法条规定，父亲可以出售其子三次，如三次出售未果，该子才得以摆脱家长控制而获得自由。即使孩子已经成家立业了，仍然要百分之百地服从父亲的命令。正是这种严苛的家长专制培养了罗马人的服从和尽责精神，罗马人在家庭中严格地遵从父命，在战场上则忠诚地执行将令。他们只服从刚性的纪律和法律，从来不讲温情脉脉的东西。

第五表"继承和监护"，涉及妇女终身受监护、遗产的继承和监护规则，以及获释奴隶的有关规定。罗马妇女是没有任何权利的，终身受家长（父亲或丈夫）的监护。遗产继承的顺序是优先由继承人（亲子或养子）继承，如果没有继承人，则由族亲或宗亲来继承。该表中的法条也对获释奴隶的人身自由和遗产处置等问题进行了规定。

第六表"所有权和占有"，涉及物品所有权和自由身份认定等相关规定。《十二铜表法》作为罗马最早的成文法，明确申明了物品的所有权，表述了私有财产不可侵犯的基本原则。在西方社会，私有财产权构成了人权的一个重要组成部分，任何人都不能随意剥夺一个人的私有财产，正如不能随意剥夺一个人的生命一样。此外，该表中的法律还规定了自由身份的认定问题。罗马人在权利上可以分为自由人和奴隶，一旦某人被认定为自由身份，他就拥有了人身权利和私有财产权；而罗马的奴隶却没有自由身份，因此他们既没有人身权利，也没有财产权，而是任凭主人处置。

第七表"土地和房屋"，涉及地界划分和纠纷仲裁的规定，为私有土地的边界划分和纠纷处理制定了细则。

第八表"私犯",涉及对人格和人身侵犯的惩处法律。这一表确立了按律量刑的普遍原则,即按照所犯罪行的严重程度来处以不同的惩罚,但是仍然带有古老的同态复仇色彩。根据"私犯"的规定,每一种伤害行为都应被处以一定数量的罚金,但是如果受罚者拒绝交付罚金,则受害者有权根据其所犯罪行来施行相应的同态复仇,比如别人砍断了你的一根手指,你也有权砍下他的一根手指作为惩罚。罗马法把人分为自由人和奴隶,所以对于二者的惩罚方式和惩罚强度也不相同。自由人和奴隶犯同样的罪,所受的惩罚是不一样的;此外,成年人和未成年人、适婚人和未适婚人在量刑时也会有所差别。大体而言,自由人、未成年人和未适婚人犯罪,所受的惩罚相对会轻一些;而奴隶、成年人和适婚人犯罪,就会判得更重。惩罚方式也有着较大的差别,比如同样是判处死刑,对于自由人会以较痛快的方式处死(吊死或斩杀),对于奴隶却往往会残酷地用乱棍打死,或用石头砸死。

第九表"公法",涉及关于国家官员和公民权利的一些重要法律。"公法"首先申明了一个基本原则,那就是"法无特例",即所有的自由人在法律面前一律平等,王子犯法与庶民同罪。这个基本原则成为罗马法的精髓所在。此外,"公法"还明确规定了剥夺一个人的生命、自由和国籍的权力只属于公民大会(百人团大会);对于受贿和叛国的官员,应判处死刑。罗马人把公职受贿和叛国罪看得非常严重,往往对犯罪者采取杀无赦的决绝手段。私人犯罪,包括侵犯、伤害甚至杀人罪都可以在法律上酌情处理，被判决者往往可以通过上诉而得到改判；但是对于公职受贿和叛国者则格杀勿论，决不宽容。此外，"公法"中还明确重申，对于刑事判决不服者，有权向公民大会上诉；任何人未经（公民大会）审判，不得被处以死刑。这些条文都有力地保障了公民的人身权利和法律正义。

任何人未经审判不得被处以死刑，对判处死刑和其他刑罚不服者有权上诉，这两条法律其实早在共和国的第二任执政官瓦列里乌斯时代就已经以口头法的形式颁布了，《十二铜表法》不过是以成文法的形式对其予以重申罢了。然而，这两条保障公民人身权利和法律正义的法条却在共和国后期的罗马内战中遭到了无情的践踏，苏拉和马略均给自己的政敌贴上了"国家公敌"的标签，未经审判、不予上诉地对其加以杀戮。后来罗马著名法学家——担任执政官的西塞罗又一次在喀提林阴谋案中亵渎了这些法律，他鼓动一些元老，未经审判就将政敌朗图鲁斯等人处以死刑，并且剥夺了被判者的上诉权利而直接予以执行。所以在西塞罗卸任之后，平民派一直对此事耿耿于怀，要追究西塞罗的法律责任，西塞罗只好跑到外省去避难。喀提林阴谋事件发生在公元前 63 年，而《十二铜表法》早在近四百年前就明文公布了这两条重要的法律条文。

第十表"宗教法"，涉及丧葬之事的宗教习俗和禁忌规定。

稍后，罗马共和国又在前十表的基础上颁布了作为补充条文的两表法律：

第十一表"前五表的补充"，特别强调了禁止贵族与平民通婚。这条法律表明《十二铜表法》仍然带有浓郁的权贵色彩，它以成文法的形式重申了以往习惯法禁止平民与贵族通婚的规定。但是在平民阶层（尤其是新贵阶层）日益高涨的反对呼声下，这条法律在不久之后就被废除了。

第十二表"后五表的补充"，涉及对所有权和占有、私犯、祭品等问题的补充规定。它还确立了一个重要的法律原则，那就是当前后制定的法律发生冲突时，后法取消前法，这样就保证了罗马法律不断更新的演化特点。

《十二铜表法》包括民法、刑法和程序法，确立了保护私有财产、按律量刑、法无例外等重要的法律原则，在法律条文上偏重于保护债权人的权益，严惩侵犯私有权利的行为和个人，同时又强调按律量刑和法无例外，注重法权平等。罗马历史学家李维认为："法律充耳不闻且不讲情面，更有利于弱者而不是强者。"罗马共和国本身就是一个以贵族特权和元老院领导为主要特色的国家，因此罗马法必然会更加偏重于保护权贵利益。但是在形式上，罗马法始终具有不讲情面、一视同仁、如钢铁般不可伸缩的特点，奉守一种超越等级社会的形式平等原则。这是罗马法的一个重要特点，也是罗马法得以长盛不衰和泽及后世的重要原因。《十二铜表法》虽然仍保留了一些贵族特权的因素，如强化债权

人的权利、禁止平民与贵族通婚等，但是它也试图以法权平等的
形式来限制贵族的特权，因此是"有利于弱者"的。无论从何种
意义上来说，《十二铜表法》都为罗马法奠定了坚实的基础。

罗马成文法的进一步发展

虽然《十二铜表法》是罗马最早的成文法，而且确立了一些
非常重要的法律原则（按律量刑、法无例外等），但是它仍然带
有浓郁的权贵特色，其许多法律条文都是明显维护贵族和富人利
益的。因此，罗马平民在《十二铜表法》颁布以后又不断地发起
抗争，要求对《十二铜表法》的某些内容进行改革。贵族阶层和
元老院在平民抗议的巨大压力下不得不做出妥协，从而导致了一
系列新法条的制定和颁布。

公元前 449 年颁布的《十二铜表法》，明确禁止贵族与平民
通婚；但是在四年以后的公元前 445 年，在平民的强烈要求下通
过的《卡努优斯法》，正式废除了禁止贵族与平民通婚的法律。
从此以后，平民可以合法地与贵族通婚了。一些通过后天努力而
获得大量财富的罗马平民（骑士或商人阶层）就开始和传统的
血缘贵族缔结秦晋之好，借此跻身罗马权贵的行列。这样就导致
了罗马新贵族的大量涌现，同时也保证了罗马贵族阶层不断地吸

收新鲜血液，有利于元老院和权贵阶层的长期统治。平民中的那些佼佼者或精英分子源源不断地补充进贵族的行列，不仅使贵族阶层得以常变常新，而且也较好地维系了两大社会阶层之间的关系。如果禁止贵族与平民通婚，贵族阶层就会成为一潭波澜不兴的死水，最后的结果必定是逐渐萎靡和衰亡。

贵族与平民通婚的鹿砦既然已被拆除，贵族阶层对执政官等高级职位的垄断也将被打破。公元前 367 年，李锡尼和赛克斯两位平民保民官在罗马公民大会上提议并通过了《李锡尼 – 赛克斯法》，这个法案明确规定，罗马共和国每年必须有一个执政官的职位向平民开放。该法案颁布后的第二年，平民出身的赛克斯果然如愿以偿地出任了罗马执政官。到了公元前 342 年，罗马法律又进一步规定两个执政官都可以由平民出任。然而，上述规定虽然从法律上打破了贵族阶层对罗马执政官的垄断，但事实上平民却很难染指这一最高权力，因为他们既缺乏身世背景和豪门支持，也不具备政治资源和行政经验。因此，自从赛克斯破天荒地出任了罗马执政官之后，在长达一百多年的时间里始终未能有第二位平民出身的人担任这一最高职务；而两位平民同时出任罗马执政官的情况，一直要到公元前 172 年才首次出现。尽管如此，《李锡尼 – 赛克斯法》仍不失为罗马法制史上的一个重要创举，因为它从法律上极大地提升了罗马平民的政治地位。

除了政治上的内容之外，《李锡尼 – 赛克斯法》还在经济上制约贵族特权，保障平民权益，如限制个人占有公地数量、缓解平民债务等，这些法律为两百多年以后的格拉古兄弟改革奠定了重要的基础。

公元前 326 年，罗马共和国又通过了一部《彼提留法》，这部法律的主要内容就是禁止因债务而把一个自由人沦为奴隶。《彼提留法》实际上是对《十二铜表法》第三表中的强制执行法律的修改和更新，按照《十二铜表法》第三表的规定，如果一个人欠债而无力偿付，并超过了一定的期限，债权人可以将其卖到外国（沦为奴隶），甚至杀死。由于罗马的贫富差异在不断扩大，许多债务人都会由于此规定而沦为奴隶，这样就激起了平民们的极大愤慨。在罗马共和国，奴隶是完全没有任何权利的，也不具有人身自由，他们只不过是会说话的工具，与牛、马等物一样不由人法处理，而属于物法处理的范围。一旦自由的平民由于负债而沦为奴隶，他的人身性质就完全发生了变化，主人可以对其任意地生杀予夺。故而，在广大负债平民的强烈要求下，《彼提留法》得以通过并生效，从此罗马明文禁止因债务而将罗马自由人沦为奴隶。与希腊人相比，罗马人是唯利是图和冷酷无情的，《彼提留法》一直到公元前 4 世纪下半叶才得以颁布；而希腊早在梭伦改革时（公元前 6 世纪初）就已经明文废除了债务奴隶制度。

不久以后（公元前 300 年），罗马又通过了《瓦列里亚法》，该法重申了罗马公民的上诉权利，这种权利早在瓦列里乌斯时代就已经以习惯法的形式确立了，但是一直没有得到真正落实。

公元前 287 年颁布的《霍腾西阿法》是一部非常重要的法

律，它构成了罗马法制史上具有划时代意义的重要里程碑。这部法律的核心内容就是明确规定，平民大会的决议和百人团大会的决议具有同等的立法效力。罗马共和国最初的公民大会是百人团大会，这是按照财产资格来划分的公民团体，全体罗马公民被分成六个不同等级的百人团。虽然百人团既包括富人也包括穷人，但是由于恩主－门客制度的影响，有钱有势的第一、第二等级长期控制着百人团大会的表决结果，所以百人团大会的立法带有明显的权贵政治色彩。而平民大会则是在按照区域划分的特里布斯大会的基础上演变而来的，随着平民与贵族之间矛盾的激化，平民大会逐渐与百人团大会相分离，并且有意地排挤贵族人士，最终演变成一个纯粹表达罗马平民（甚至贫民）——而非全体罗马公民——的利益诉求的政治机构。在这种情况下，平民就要求拥有更多的政治权利，他们对百人团大会的精英主义取向深为不满，呼吁平民大会的决议也应该具有立法效力。当这种政治要求遭到贵族和元老院的反对时，罗马平民就以第三次脱离运动来进行威胁，最终促成了《霍腾西阿法》的颁布。该法律明确规定，平民大会的决议无须经过元老院的批准就可以直接成为罗马法律，这样就极大地提高了平民的立法权力。自此以后，罗马平民大会日益成为共和国的合法立法机构，它所制定和通过的法律构成了罗马私法的重要来源。与此相反，百人团大会则越来越流于形式，逐渐名存实亡。所以到了共和国晚期，一些有野心的执政官往往要通过笼络保民官来控制平民大会，通过平民大会的立法来笼络人心，以便实现自己的政治目的。

　　《霍腾西阿法》是对此前一系列保障平民权利的法律的收官之作，它的颁布极大地缓和了平民与贵族之间的历史矛盾，促使双方捐弃前嫌，同心协力发起了能让彼此利益均沾的海外扩张。罗马人从此迅速地从意大利走向了广阔的地中海世界。

第 III 节

罗马帝国时期的法律汇集

罗马法来源的拓展

到了帝制时期，罗马法又增加了一个重要的内容来源，那就是皇帝的敕令。而且随着君主专制的强化，皇帝敕令在罗马法中所占的分量越来越重，皇帝已经取代了元老院和平民大会而成为罗马帝国最重要的立法者。诚如哈德良皇帝所言："皇帝就是最高的法律。"从奥古斯都时代开始，皇帝已经将行政权凌驾于立法权和司法权之上（司法权在罗马从来就不是独立的权力，而是一直附属于行政权的），皇帝的敕令高于元老院的法令，而平民大会则已经形同虚设。再往后，到了戴克里先时代，甚至连元老院也被踢到一边，皇帝更是集行政、立法和司法的权力于一身。在此情况下，皇帝任用了一批通晓法律的亲信，由他们来制定各种法律条例。一些法学家也应运而生，开始从理论上对罗马法进行诠释和梳理。早在奥古斯都时代，就赋予了某些法学家"公开解释法律的特权"；哈德良统治时期则明确规定，具有特许解答权的法学家们对于某些法律案例的一致意见，本身就具有法律效力。到了公元 426 年，罗马皇帝颁布的《引证法》更是将盖乌斯、帕皮尼安等五大法学家的法学著述列入罗马法的范围。于是，除了以前的公民大会决议、元老院法令、执政官公告以及裁判官的司法案例之外，现在又增加了皇帝的敕令和训示，以及法学家的法理阐释，它们共同构成了帝国时期的法律来源。这些新出现的法律来源有力地推动了罗马法典的产生与发展。

从屋大维当政到塞维鲁王朝的两百多年间，罗马出现了一大批杰出的法学学派和法学家，如拉比奥（Labeo）和卡彼托（Capito）两大学派，盖乌斯（Gaius）、帕皮尼安（Papinianus）、乌尔比安（Ulpianus）、保罗（Paulus）、莫德斯丁（Modestinus）五大法学家。这些法学学派和法学家创立了一些重要的法学观点和理论，例如拉比奥学派和卡彼托学派对于共和与帝制的不同辩护，乌尔比安对"公法"和"私法"的划分等。尤其是盖乌斯的著作《法学阶梯》，对公元 2 世纪以前的罗马法进行了收集汇编和理论概括，系统地论述了人法、物法、诉讼法等法律门类，为罗马民法体系的形成奠定了重要的理论基础。《法学阶梯》成为当时和后世的法学入门教材，并对后来的《查士丁尼法典》产生了重要的影响。

随着大量法学家的出现，罗马也建立了专门培养法学人才的法律学校，一大批职业的诉讼律师茁壮成长。法学理论不仅在现实的立法过程中变得越来越完善，而且还通过系统性的法学教育而日益走向专业化和规范化。一大批职业的法学家脱颖而出，这些人被称为民法教授，即职业律师。他们的收入颇丰，社会地位也很高。事实上，早在共和国后期，口若悬河的大律师就成为与凯旋将军一样受人敬重的对象。例如，像西塞罗这样为民请命，在法庭上语惊四座并且经常能够胜诉的大律师，就在罗马民众中间享有盛誉，西塞罗也因此而成为元老院的共和派领袖。

公元前 63 年，西塞罗在元老院通过激烈辩论而挫败了喀提林阴谋之后，元老院授予他"祖国之父"的称号。纵观罗马历史，以前只有罗慕路斯、卡米卢斯和马略这些在危急时刻拯救罗马的英雄被授予过这个光荣称号（后来屋大维在晚年也获得了这项殊荣），而西塞罗羽扇纶巾，摇唇鼓舌，从未在战场上杀敌制胜，竟然也得到了"祖国之父"的称号！不久恰逢庞培在东方征服了本都王国和塞琉古王国，得胜归来，要求元老院为其举行凯旋式。西塞罗为此而深感不平，声称自己挫败喀提林阴谋、拯救共和国的功劳更甚于庞培在东方建立的军功，因此举行凯旋式的荣耀应该归于自己而非庞培。西塞罗的请求遭到了元老院的拒绝，由此引发了他与庞培之间的龃龉。

从这件事情上可见，在西塞罗的时代，那些在元老院和法庭上雄辩滔滔的大律师或法学家已经足以与驰骋疆场的武将一较高下了。罗马人一向崇拜英雄，而英雄既包括战场上浴血奋战的勇士，也包括法庭上为民请命的律师。到了帝国时期，一些著名的法学家更是擢升为皇帝的肱股之臣，甚至成为一人之下、万人之上的国家首辅，如帕皮尼安、乌尔比安等人。在国运日衰的乱世中，他们由于坚持法律的正义，不向邪恶势力低头，最后竟遭到了皇帝或禁卫军的杀害。

罗马法典的编纂

在罗马皇帝的主持下，法典的编纂工作从"五贤帝"时代就开始了。罗马以前的法律比较凌乱，内容驳杂，法律条文相互重叠甚或矛盾，既包括元老院的法令、公民大会的决议、法务官的公示，也有新增加的皇帝敕令和法学家的法学理论。随着时间的推移，这些繁复的法律条文已经令人眼花缭乱，必须由人对其进行系统性的整理汇编。在这种情况下，热衷于文化建设的哈德良皇帝就在大兴土木再造罗马的同时，也对罗马法的汇编整理工作投注了大量的热情。他组织了一批罗马法学家编纂完成了一部《罗马法大全》，其汇集了罗马各时代的法律文献，尤其是帝国时期的皇帝敕令和法学家的法学理论。这是罗马帝国的第一部法律文献汇编，虽然难免有粗糙不全之处，却为后来的罗马法典编纂开启了先河。

到了公元 5 世纪上半叶，罗马帝国已经发生了分裂，西罗马帝国岌岌可危，东罗马帝国则处于太后听政和宦官弄权的运道中。从公元 429 年开始，东罗马帝国皇帝狄奥多西二世组织了一批法学家，对罗马历代法令和法学理论进行了汇集整理，编纂了一部《狄奥多西法典》。该法典于公元 437 年完成，次年首次以"法典"（codex）之名颁布，并得到了西罗马帝国皇帝瓦伦提尼安三世的认可，同时在东、西罗马帝国境内实施生效。《狄奥多西法典》收录了从君士坦丁到狄奥多西二世时期（基督教合法化以后）的皇帝谕令，旨在将皇帝谕令确立为罗马法律的主要依据，为法官和律师们提供一部简明、清晰的实用法典。该法典分为 16 卷，汇集了 3 000 多项法条，分别对市民法、行政法、刑法、财政法、地方法和宗教法进行了阐释，是一部具有较强指导性的法律大全，也是罗马法的第一部法典。

西罗马帝国崩溃以后，东罗马帝国自成一统，一些皇帝试图光复西部江山。具有雄才大略的查士丁尼大帝（Justinian the Great，公元 483 年—公元 565 年）不仅成功地把意大利、北非、西班牙南部以及西西里、撒丁、科西嘉等岛屿从日耳曼民族手中夺回来，而且从公元 528 年开始，组织了一个由法律饱学之士组成的法典编纂委员会，在以前各种理论性和实用性的法律文献的基础上，编纂了一部内容浩繁的《罗马法大全》，其成为罗马法之最辉煌的成就。这位兼具文治武功并虔信基督教的东罗马帝国皇帝在君士坦丁大帝的"一个帝国，一个教会"的执政理念的基础上，又创制了"一部法典"的新蓝图，他在这部法律大全的序文中这样写道：

　　"以主耶稣基督的名义，我，恺撒·弗拉维·查士丁尼·奥古斯都，愿对希望学习法律的年轻人有所作为，决心着手编纂法典的伟大事业。仅诉诸战争不足以拓广皇帝的权力，和平时期的善政不可或缺。罗马皇帝不仅是战时的胜者，还应该是和平时代的统治者，而唯有法律才能实现正确良好的统治。"

查士丁尼治下的罗马帝国版图

　　《罗马法大全》又名《国法大全》或《民法大全》，由如下四大部分组成。

　　第一部分是《查士丁尼法典》，该法典主要收集了罗马帝国历代皇帝发布的敕令，按照教会法、法律渊源、高级官员职务、私法、刑法、行政法等内容，分门别类地进行了整理汇编，并注明了皇帝的名字和敕令颁布的时间。《查士丁尼法典》共计 12 卷，于公元 529 年颁布施行，534 年又颁布了修订版。由于此时的元老院早已不再是立法机构，公民大会更是不复存在，所以皇帝的敕令就成为法律的主体，《查士丁尼法典》所汇集的历代皇帝敕令为后来的立法提供了重要的法律依据。

　　第二部分是《学说汇纂》，该部分汇集了公元 1 世纪以来罗马

意大利拉文纳圣维塔莱教堂中的查士丁尼马赛克镶嵌像

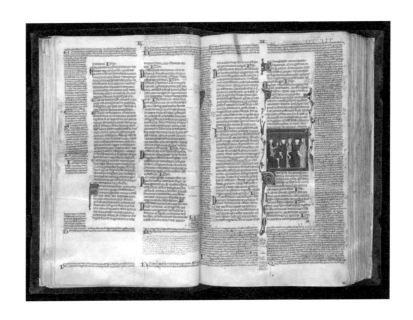

保存在比利时根特大学图书馆的《查士丁尼法典》中世纪抄本

40 余位重要法学家的 50 多种法学著述，并对其进行了整理订正。这些法学著作在内容上博大精深、包罗万象，也包含了一些立场不同甚至相互抵牾的政治法学观点（例如既有偏向共和者，亦有为帝制辩护者），《学说汇纂》则对其中相互矛盾和不合时宜的思想观点进行了删改和增订。《学说汇纂》共 50 卷，于公元 533 年颁布，凡收入其中的法学理论，均具有法律效力，共同汇聚成一部罗马法学理论的百科全书。

第三部分是《法学阶梯》（又称《法学纲要》或《法学入

门 》），这是以盖乌斯的《 法学阶梯 》为蓝本而修订编纂的一套实用法学教材，按照人法、物法、诉讼法的顺序，分章节编辑而成，共计 4 卷，与《 学说汇纂 》同年颁布。该书是罗马法的钦定教科书，专门用于法学专业人才的教育培养，帮助他们系统地学习各种法律知识和法律规范。法学研习者们必须首先掌握了《 法学阶梯 》，才能进一步去探究《 学说汇纂 》和《 查士丁尼法典 》的浩博内容及其精义。

第四部分是《 新律 》，在查士丁尼死后由人编纂，收集了公元 534 年（《 查士丁尼法典 》修订版颁布 ）以后查士丁尼所颁布的各种皇帝敕令，内容主要涉及公法、行政法等范畴，共计 200 余条，是对此前颁布的《 查士丁尼法典 》的增补。

上述 4 个部分共同构成了所谓的《 罗马法大全 》，它成为自《 十二铜表法 》颁布以来的罗马法之集大成者，把此前罗马法的所有精要内容全部汇编在内，也为后世西方的各种法典（ 如《 拿破仑法典 》《 德国民法典 》等 ）奠定了重要的理论基础。

罗马法的精神

罗马法内容浩博、包罗万象，广泛地涉及民法、刑法、行政法、程序法等诸多领域。可能除了不涉及环境法之外（ 因为当时没有环境污染的问题），罗马法几乎涵盖了今天所有的法律门类。而且，罗马法体系完善、法理精深，既有很强的实用性，又具备深厚的理论根基，堪称古代法律之圭臬典范，也为后世西方法律奠定了坚实根基。

如果根据法律的调整对象来进行划分，罗马法可以分为公法和私法，公法包括宗教祭祀和国家权力机关的规范及权限，私法则包括所有权、债权、婚姻家庭与继承方面的规范。如果根据权利的主客体来划分，罗马法又可以分为人法、物法和诉讼法（程序法）。如果从法律的适用范围来划分，罗马法还可以分为公民法、万民法。由此可见，罗马法的门类非常完善。

除了上述各种实体法或成文法之外，罗马法还包括一个独特的法律类别，即自然法。各种实体法或成文法都具有显著的实用性特点，唯有自然法具有强烈的思辨性和哲理性。自然法与所有调整人与人、人与物的权利关系的法律都不同，它直接关系法之为法的哲学根据，以及鉴别法之优劣的永恒标准。自从卡拉卡拉皇帝把罗马公民权赋予帝国境内的所有自由人之后，公民法与万民法之间的界限就消失了，而自然法与实体法之间的差异则变得更加明显。各种实体法都是罗马人在长期的法治实践过程中逐渐确立起来的，而自然法则主要来自希腊哲学思想。早在希腊的"智者派"（如普罗塔哥拉等人）中，一些人就已经提出了自然与法相对立的思想，将永恒的和充满智慧的自然法则置于人为的和专断的法律之上。苏格拉底、柏拉图、亚里士多德等伟大哲学家也主张从自然的本性中去发现亘古不变的真理，将此作为评价成文法优劣的准则。斯多葛主义者更是强调，自然界中存在着一种普遍的理性精神，即世界理性或"逻各斯"。它同等地体现在神、人和一切自然事物之中，成为这些存在者的共同本质。随着罗马法的不断发展和法律体系的逐渐完善，永恒不变的自然法则也被罗马人自觉地援引来作为因时制宜和因地制宜的实体法的法理学基础。

罗马人之所以开始注重自然法，一方面固然是由于数百年来的法治实践使其深深感受到法律之哲学基础的重要性，另一方面也是由于受到了希腊哲学的影响。随着罗马人对希腊文化趋附日盛，他们必定也会受到希腊最高深的哲学思想的浸润。事实上，到了公元前 1 世纪以后，希腊哲学在罗马社会中已经成为有教养阶层津津乐道的高雅之物。然而，由于罗马人的务实天性，他们并没有在纯粹思辨的领域中把希腊哲学发扬光大，而是把希腊哲学中的一些高深思想转化为实用的治理法则。哲学是思辨的，法律却是实践的。罗马人趋奉希腊哲学的结果，是把抽象的自然理性思想落实到实用的法律体系中。于是，法律就不仅仅是调整现实权利关系的适用手段，而且也必须符合某种更高的理性法则。这样一来，罗马人就将自然与法的关系由对立转变为统一，创立了既具有精深理论内涵，又具有现实指导意义的自然法理论。

随着罗马迅速成为一个世界帝国，开始用文明的法律而非野蛮的刀剑来治理万邦，罗马人也变得越来越强调普遍性。而这种超越于具体时空的普遍性原则，不可能得之于经验的实体法，只能以某种哲学（或宗教）的信念为终极根据。适用于某个特定人群或地区的成文法背后，应该有一种形而上的哲学依据；在世俗的法律条文之上，应该有一个神圣的理论前提。从希腊人关于世界理性作为自然万物之本性的哲学思想中，可以有效地推论出法无例外的形式原则；而凡是顺应自然理性的即为善法，违背之的则为恶法。诚如西塞罗所言："只有根据自然而无其他标准，我们才能够辨认好的法律和坏的法律之间的区别。"

自然法并非一纸条文，而是一种精神原则，或者用 18 世纪法国著名思想家孟德斯鸠的话来说，即"法的精神"。"自然"（nature）这个概念，本身就含有"本性"的意思，这种本性即是普遍的理性。这样就在实质内容殊异的法律条文之上，确立了一种形式化的普遍性原则。罗马自然法的开创，主要应归功于西塞罗，这位律师出身、精通希腊哲学又活跃于罗马政坛的大文豪在其名著《法律篇》第 1 卷中，从自然（即万物之本性）的角度，对理性、法、正义、国家以及宇宙之间的逻辑关系进行了层层深入的精密梳理：

> "我们所谓的人，是具有预见性、灵敏性、综合力、激智力，是富有记忆力、充分的理性和深谋远虑的动物。……然而，

我还认为不只是在人间，而且是在整个神的世界和整个宇宙，难道还有什么东西比理性更神圣的呢？……所以人和神的第一份共同的财富就是理性。共同具有理性的人也必然共同具有正当的理性。因为正当的理性就是法，所以我们必然认为人与神共同具有法。共享法的人也必共享正义。因此，就应把共享法和正义的人们看作是同一国家的成员。如果他们真正服从同一权威和政权，在相当大的程度上确实如此，其实他们就是服从神界的制度、神的意志和超越宇宙权力的天帝。现在，我们可以设想把整个宇宙看成神和人两者共同为其成员的一个国家。"

理性是人和神以及宇宙万物共同的神圣本性，而正当的理性就是法，遵循正当理性即法的人必定会共享正义，并由此结成一个国家；服从国家的权威和法制者即是服从神的意志和宇宙的秩序，因为遵从自然、本性或理性的人和神（以及万物）共同组成了一个名为宇宙的国家。这就是自然法的最基本的思想内涵。

罗马的自然法思想对于后世西方法学产生了深远影响，17 世纪、18 世纪风靡西欧的自然法学派理论，就是将自然理性——表现为普遍的人性和人道原则——作为法律的一般根据，并在此基础上创立了社会契约、天赋人权、主权在民等一系列重要的法学理论，构成了西方现代宪政民主的法理学基石。

罗马人不仅制定了大量细致而严谨的法律条文，而且还为后人展现了一种法治精神。这种法治精神包括对权利的尊重、公平与正义的原则、法无例外的原则，以及依法办事、不徇私情的守法意识。罗马人不仅善于立法，而且也会自觉地恪守法律；他们不仅是一个法制的民族，也是一个法治的民族。正是在法律的统一规范下，罗马人才能长久而有效地治理万邦。

罗马法的最终成果就是公元 6 世纪查士丁尼皇帝主持编纂的《罗马法大全》，时至今日，罗马法已经构成了西方大陆法学体系的重要理论根基。现代西方社会流行着两大法系，一个是大陆法系，另一个则是英美法系。大陆法系主要奠基于罗马法，除了经验性的法律规范之外，还具有非常深厚的法理学背景，注重法律条文和程序的理论依据及逻辑关联。相比之下，英美法系则更多地建立在经验性的判例之上，具有因事制宜、复杂多变的灵活性特点，但若从法理的厚重性而言，则是远不能与以罗马法为根基的大陆法系相提并论的。

第 IV 章

罗马的建筑

罗马人用火与剑来征服世界，用路与法来治理万邦；罗马人不仅在战场上所向披靡，而且在国家治理方面也使国家能够长治久安。其中的诀窍，除了治理万邦的法律之外，另一个重要的因素就是罗马大道、水渠、桥梁等公共工程。这些宽广的大道、桥梁不仅把幅员辽阔的罗马帝国联结成一个可使"条条大道通罗马"的有序网络，而且也与气势恢宏的广场、凯旋门、竞技场、神庙、浴场等公共建筑一样，充分展现了罗马人统治世界的雄浑气概和高超卓越的技术能力。由于注重实用和国力雄厚，罗马的城市建设和公共工程都以其大气磅礴的风格与小家碧玉的希腊风格形成了鲜明对照。

第 I 节

罗马的公共建筑

罗马人的建筑风格和文化特点

从王政时期开始，罗马人就注重公共工程的建设，第二任国王努马修建了雅努斯神庙，第四任国王安库斯在台伯河上修筑了罗马的第一座桥梁——萨布里休斯大桥。伊特鲁里亚族的国王老塔克里乌斯统治时期，更是利用先进的工程技术对罗马七丘之间的湿地进行了系统改造，开辟了罗马广场，并在卡庇托尔山上建造了朱庇特神庙。继而执政的塞尔维乌斯修筑了罗马的第一座城墙——塞尔维乌斯城墙，将七丘之城的罗马围成了一个真正意义上的城市，在此基础上才得以推行进一步的制度建设（如创建百人团制度等）。

在共和国时期，公共工程更是被主宰国家事务的罗马权贵们大力推崇，具有一些雄才大略的执政官和监察官都喜欢大兴土木，筹措资金修建罗马大道、引水渠、神庙等公共建筑，如卡米卢斯修建的和谐神庙、阿皮利乌斯主持修建的阿皮亚大道和引水渠等。再往后，庞培为标榜军功在罗马修建了第一座大剧场，恺撒为纪念已故女儿修建了尤利娅选举会场，屋大维为庆祝胜利修建了和平祭坛和阿波罗神庙，阿格里帕则在尤利娅会场旁边修建了万神殿（哈德良时重建）和大浴场，这些公共建筑都是有利于国计民生的，也是为了取悦广大民众。到了帝制时期，罗马皇帝们就开始热衷于修建广场，各种以皇帝之名命名的广场相继出现；由于许多皇帝死后都会被神化，因此皇帝广场往往与同名的神庙相映成趣，如屋大维广场与神庙、韦斯巴芗广场与神庙、图拉真广场与神庙等。与此相应，一些颂扬皇帝功德的凯旋门、纪功柱也被建立起来，如提图斯凯旋门、图拉真纪功柱、奥勒留纪功柱、塞维鲁凯旋门、君士坦丁凯旋门等。这些建筑更多地表现了皇帝的私人功德，与共和国时期旨在改善国计民生的公共建筑已是大异其趣。此外还有皇宫、皇帝别墅和皇帝陵园，如提必略的卡普里岛别墅、尼禄的"金宫"、图密善的帕拉蒂尼皇宫、哈德良在蒂沃利的别墅、奥古斯都陵园、哈德良陵园等。与此同时，竞技场和大浴场等由皇帝出资修建、供人民娱乐的公共建筑也大量涌现，如科洛西姆竞技场、图拉真浴场、安东尼浴场、卡拉卡拉浴场、戴克里先浴场等。这些不同时期修建的公共建筑，尽管旨趣不尽相同，但是都同样显示了罗马人在建筑风格上的宏伟气势和建筑工艺上的高超技能。

位于北非的安东尼浴场遗址

罗马这个民族非常善于学习他人的一技之长。当年罗马人在对外扩张的过程中，只要遭遇到了难以克制的劲敌，他们就会虚心效法对方先进的作战手段和技术，学习研制对方优越的军事装备。例如罗马人在与迦太基人进行海战时，很快就学会了迦太基人高超的造船技术，并发展出具有独创性的新装备（如"乌鸦吊桥"等），战胜了强大的迦太基海军；再如大西庇阿学习汉尼拔擅长的骑兵侧翼包抄战术，最终以其人之道还治其人之身，取得了扎马战役的决定性胜利。

在建筑方面，罗马人同样善于学习其他民族的先进经验：最初是吸收融会了伊特鲁里亚人的工程技术，后来又兼收博采了希腊人的柱式风格和东方的一些建筑元素，将其与罗马人独创的圆顶、拱券等建筑样式相结合，开创了别具一格的建筑范式。在罗马存留至今的一些宏伟建筑中，仍然可以清晰地看到希腊的柱式风格与罗马的圆形结构精妙结合的经典之作，如科洛西姆竞技场、罗马万神殿等。

在希腊城邦时代，最重要的公共建筑就是神庙。希腊的神庙都采用了简单易行的长方形平直结构，利用一些巨大的柱体支撑起三角形的庙顶。希腊人在修建神庙的过程中，相继发展出了多利亚式、爱奥尼亚式和科林斯式三种不同的柱式风格。希腊最早出现的柱式建筑叫作多利亚式（约公元前 7 世纪—公元前 6 世纪），多利亚式的柱体粗壮结实，具有多利亚人——摧毁迈锡尼文明的北方蛮族——的粗犷之风，柱底没有基座，柱顶由三个从小到大的圆盘构成简单朴素的倒圆锥形，支撑起顶端的横梁。公元前 6 世纪前后又出现了爱奥尼亚柱式，其柱体修长秀美，具有东方女性的柔美之风（这种柱式风格是从爱琴海东岸的爱奥尼亚地区传至希腊全境的），柱底有圆形基座，柱头上有一对如同绵羊角般的涡轮装饰，显得精美秀丽。到了希腊城邦的鼎盛时期尤其是希腊化时期，希腊人又开创出科林斯柱式，这种柱式显得更加繁缛华丽，最典型之处就是在柱头上精雕细琢了一个毛茛草花篮样式，柱体也显得更加高大宏伟，气宇轩昂。① 在希腊化时期，

——————————

① 参见本书第Ⅲ卷中的插图"哈德良在雅典所建的奥林匹亚宙斯神庙遗址"。

希腊多利亚柱式建筑——雅典广场上的赫淮斯托斯神庙

希腊爱奥尼亚柱式建筑——雅典卫城的厄瑞克透斯神庙

这三种希腊柱式广泛地流行于小亚细亚、西亚和埃及等东方地区，并且通过伊特鲁里亚人传播到了罗马，在罗马人的神庙和其他公共建筑中发挥了重要作用。

罗马人接受了希腊的柱式风格，并且对其有所改造和发展。例如，罗马人在多利亚式的基础上发展出一种大同小异的塔司干柱式，其主要特点在于将多利亚柱体上的凹槽改变为更加简朴的平面，并在基座上增加了一个柱础；他们还别具一格地把爱奥尼亚式与科林斯式两种不同风格融为一体，即在科林斯式的花篮状柱头上面再加一个爱奥尼亚式的涡轮造型，从而创造了一种全新的混合柱式。

公元 2 世纪罗马人修建的混合柱式风格的以弗所图书馆

在工艺方面，罗马的柱体与希腊的柱体也完全不同。希腊的柱体是用一个一个石制圆盘摞起来，每两个圆盘之间用铁棍贯通而形成的，然后在柱体外面抹上泥浆，看起来好像是一根完整的柱子，其实是由许多圆盘拼接而成的。而罗马人由于发明了水泥制作，所以使用混凝土技术来整体浇筑柱体，从而使柱体更加坚固耐用，可以建造出气势恢宏的高大建筑，保存的时间也更为长久。

更为重要的是，罗马人还匠心独具地发展出了不同于希腊平直建筑的圆形结构和拱券样式，罗马建筑在技术难度和审美效果上都远远超越了希腊建筑。例如罗马万神殿就是典型的圆

希腊柱式与罗马拱券合璧的北非埃尔·杰姆竞技场外观

形圆顶结构，并且宏大圆形殿堂的前厅采用了希腊的科林斯柱式；罗马人修筑的竞技场也同样天衣无缝地将希腊柱式与罗马拱券结合在一起，整个建筑更加宏伟壮观，在空间效果上也愈显宽阔高大。

希腊的公共建筑主要是神庙和剧场，而罗马的公共建筑除了神庙和效法希腊所建的剧场之外，形式更加多样化，大体上可以分为两类：一类是实用的建筑，比如道路、桥梁、引水渠（水道）、城墙等具有现实用途、有利于国计民生的公共设施；另一类则是规模宏大的纪念工程和娱乐场所，如广场、凯旋门、会堂（巴西利卡）、竞技场、公共浴场等，这类建筑主要是用来彰显国家和皇帝的荣耀，或者用于满足广大民众的娱乐需求。

无论是从形式上还是内涵上，都可以明显看出罗马建筑与希腊建筑之间的巨大文化差异。如果说希腊人是一个仰望星空的民族，富有浪漫超逸的气质，那么希腊的建筑也同样表现了一种遨游于天地之间的自由奔放和空灵轻盈的特点。相比之下，罗马人是一个俯抱大地的民族，深具功利务实的秉性，因此罗马的建筑充分表现出一种敦实凝重、气吞山河的恢宏景象，彰显了博大宏伟和气势雄浑的特色。质言之，希腊建筑绽放出温润婉约之美，罗马建筑则喷发出雷霆万钧之力。

罗马帝国的城市建设

公元前 30 年，屋大维结束了内战，开创了罗马人统治下的长期和平。在其统治的四十多年时间里，屋大维通过大兴土木，将一个用砖土建造的罗马城改造成为一个用大理石建造的罗马城。继屋大维之后，罗马的皇帝们都热衷于修建一些宏伟工程来彪炳自己的业绩功勋，大量的神庙、广场、宫殿、会堂、凯旋门、竞技场、大浴场、大道和引水渠遍布罗马全城，各种公共建筑拔地而起，鳞次栉比，而且造型精美，气势恢宏，罗马已经成为名副其实的世界之都。据后世研究者的统计，公元 1 世纪时罗马市区的人口已经达到一百万，这在缺乏现代化生活设施的古代世界是匪夷所思的。自从罗马帝国灭亡以后，欧洲在一千多年的时间里再也没有出现过如此规模的大都市，一直到 18 世纪，英国伦敦的人口才再度达到了一百万。

埃及作为罗马皇帝的私人领地，其首府亚历山大成了罗马帝国的第二大城市。早在希腊化时期，埃及托勒密王国首都亚历山大就已经是东地中海地区最繁华的国际大都市，并取代了雅典而成为希腊的文化中心。希腊的各种哲学思潮和文艺流派都在亚历山大争妍斗艳，地中海世界的聪明才智纷纷麇集于此，亚历山大图书馆的藏书量达到了五十二万余册（这座壮观的图书馆连同其中大量的羊皮卷手抄本不幸在恺撒平定托勒密十三世叛乱的战争中被焚毁）。屋大维吞并埃及之后，直接委派私人代表对亚历山大进行治理。由于埃及本身的经济文化状况优越，此时它又成为罗马皇帝的私人领地，再加上地理位置得天独厚，远离兵祸争端之地，因此亚历山大在罗马帝国时期发展得更加繁荣昌盛，成为整个地中海世界的文化中心，其文明风采甚至超过了罗马、雅典、安条克、帕加马等希腊化城市。在城市建设方面，亚历山大也与罗马城交相辉映，成为罗马帝国的璀璨双星。

除了亚历山大之外，罗马帝国境内还有许多繁华兴盛的城市，例如位于小亚细亚的以弗所、米利都，位于西亚的安条克、帕尔米拉、巴尔贝克等，这些城市早在被罗马人征服之前就已经是发达的城邦和都市，到了罗马帝国时期又获得了进一步发展。此外，在被罗马人征服的帝国西部蛮荒之地，一些新兴的城市也开始出现，如塞纳河畔的卢提西亚，即今天的巴黎；多瑙河畔的文多波纳，即今天的维也纳；不列颠的伦丁尼姆，即今天的伦敦，等等。这些城市在罗马帝国时期打下了最初的根基，经过漫长的中世纪逐渐发展成为著名的国际大都市；还有新吉敦（贝尔格莱德）、卢格敦（今里昂）、科罗尼亚（科隆）等欧洲城市也相继建立起来。在北非地区，一大批罗马新城如同雨后春笋一般拔地而起，例如在迦太基旧址上重建的新迦太基城，今突尼斯的杜加和埃尔·杰姆，阿尔及利亚的提姆加德、摩洛哥的沃吕比利斯等城市。罗马人的城市建筑保持着大体相同的设计风格，整个城市的基本格局和街区分布按照统一的模式来进行复制，仅北非地区就新建了数百座城市。自从屋大维开启了罗马人统治下的长期和平之后，在数百年的时间里，以罗马城为楷模，帝国境内各地都出现了城市建设的热潮，罗马人的建筑水平也因此得到了极大的提高。

有一句大家耳熟能详的名言："罗马不是一天建成的。"尽管如此，古罗马城仍然表现出很强的规划性，并且为帝国的其他城市提供了样板。从古罗马城的市区复原图中就可以看出这种规划性：整个城市的中心是气势宏伟的罗马广场，广场的两头，分别是高耸着朱庇特神庙的卡庇托尔山和科洛西姆竞技场。四周各种建筑物鳞次栉比，高架的克劳狄乌斯引水渠直通城市中心，巨大的马西莫赛马场（Circo Massimo，即罗马大竞技场）充分展

古罗马城的市区复原图

马西莫赛马场（罗马大竞技场）遗址

现出罗马帝国的博大气象，其宏大的遗址至今仍然能够令人联想起昔日罗马人赛马竞技的激烈场面。

罗马在发展的千余年时间里，先后建立过两座城墙：其一是公元前 6 世纪王政时期所建的塞尔维乌斯城墙，这座城墙今天在罗马仅剩下几处残墟，面目沧桑；几百年以后，公元 3 世纪的罗马皇帝奥勒良又筑造了一座规模大得多的城墙，这座奥勒良城墙把作为地中海世界之都的罗马城全部囊括在内，其大部分至今仍然保存完好。

罗马火车站附近的塞尔维乌斯城墙残墟

奥勒良城墙的亚西那里亚城门

"大理石的罗马"

罗马成为光芒万丈的帝国之都，这主要应该归功于屋大维。这位奥古斯都在大权总揽之后，开始对罗马城进行改头换面般的重建，兴建了大量的神庙、广场、祭坛等公共建筑，其中最辉煌的成果就是奥古斯都广场与和平祭坛。奥古斯都广场早在屋大维和安东尼在腓力比战役中打败布鲁图斯之后就开始动工，一直到公元前2年才最终完成，历时近四十载。这座耗时良久、工程浩大的广场汲取了那个时代建筑技艺的精华，它的中心就是巍峨的战神庙。在腓力比战役开始之前，屋大维曾发下誓愿：倘若能够打败布鲁图斯为恺撒复仇，自己愿意给战神马尔斯奉献一座神庙。后来屋大维果然打败了布鲁图斯（不久后又消灭了安东尼），于是他就遂愿建造了一座战神庙，并以战神庙为中心，修建了雄伟的奥古斯都广场。奥古斯都广场占地宽敞，广场的正中位置耸立着由希腊科林斯式大理石柱、三角楣屋顶和精雕细镂的高大庙墙共同构成的马尔斯神庙。神庙两侧的广场上，粗硕的圆柱支撑起高大的回廊，廊顶一个个半圆形的凹槽中，陈列着从罗马始祖埃涅阿斯一直到恺撒的历代英雄人物雕像。这座巍峨壮观的广场构成了罗马的政治文化中心，同时也是一个祭奠神灵和祖先的祭坛，发挥着重要的政治教育功能，展现了崇高典雅的古典风格。

在奥古斯都广场的西南边，屋大维又将尚未竣工的恺撒广场

奥古斯都广场和战神庙遗址

和神庙修筑完成，以此来表示自己对恺撒的感恩之情。于是，在宽阔的罗马广场的北侧，奥古斯都广场和恺撒广场相继矗立起来，为后世皇帝们修建广场树立了典范。不久以后，以皇帝之名命名的各种神庙和广场——韦斯巴芗神庙、涅尔瓦广场、图拉真广场和神庙、安东尼和芙斯汀娜神庙等——就如同雨后春笋一般在罗马广场上拔地而起。

由于时光的磨蚀，奥古斯都广场和战神庙也像罗马广场上的其他古老建筑物一样，早已破损不堪，面目全非。但是屋大维建造的和平祭坛却留存于世，其残部经后人修复聚合之后，整体迁移到台伯河畔的博物馆中存放，至今仍然展现着奥古斯都时代的赫赫雄风。

　　和平祭坛是在屋大维结束罗马内战、关闭雅努斯神庙的大门之后开始修建的，其目的就在于彰显他为饱受战乱之苦的罗马人民所开创的长期和平。这座白色大理石材质的宏伟建筑始建于公元前 13 年，4 年后竣工，虽然在规模上比后来完成的奥古斯都广场稍逊一筹，但是其建筑风格却极为精美细致，充分展示了高超的工艺水平。这座接近正方形的和平祭坛长 11 米，宽 10 米，高 4 米，东西方向开有门洞，通过台阶前往位于中央的高耸祭坛，四周围砌的大理石墙垣上面镌刻着形象鲜活、栩栩如生的浮雕。浮雕图案分为两层，下层是花卉造型，上层则是罗马神灵、始祖、古代英雄以及奥古斯都家族和诸位元老的形象。浮雕的主题表现了神的恩泽以及奥古斯都家族及其祖先祭祀神灵的庄严场面，例如和平女神普润万物、罗马始祖埃涅阿斯向神灵献祭、奥古斯都家族成员参加祭祀活动等情景。和平祭坛用浮雕纪事的方式昭示了从埃涅阿斯经尤利乌斯家族一直到奥古斯都的丰功伟绩，同时也反映了奥古斯都治下罗马帝国风调雨顺、国泰民安的繁盛景象，堪称罗马帝国的盛世丰碑。从艺术风格来看，和平祭坛上的浮雕一改以往艺术品单纯赞美神话人物的传统，开创了彰扬帝王业绩的叙事方式。这种追求真实之美的艺术风格深深地影响了后来的祭坛、凯旋门、纪功柱等建筑造型，在这些建筑物上，人们看到的已经不再是传说中神祇英雄的虚构故事，而是现实中帝王统帅的丰功伟绩。

　　在两千多年的历史过程中，和平祭坛同样也历尽沧桑。文艺

和平祭坛上的埃涅阿斯向神灵（通常认为是家神佩纳特斯）献祭的浮雕

和平祭坛上的奥古斯都家族成员参加祭祀活动的浮雕

复兴时期，这座已经破损不堪的祭坛被拆毁，部分浮雕和残躯分别辗转运至巴黎、柏林等地。到了 20 世纪初期，意大利独裁者墨索里尼为了重振古罗马帝国的雄风，组织意大利的技术人员对流散到各地的和平祭坛残部进行了收集修复，并将修复后的和平祭坛整体搬迁到台伯河畔的奥古斯都陵墓旁边。今天人们在作为罗马旅游景点之一的和平祭坛博物馆中，仍然可以一睹这座宏伟祭坛的风采。

除了新建的奥古斯都广场和战神庙、和平祭坛、帕拉蒂尼山上的阿波罗神庙，以及最终完成的恺撒神庙和尤利娅选举会场等恢宏建筑之外，屋大维还修缮了弗拉米尼亚大道和罗马市内的一些重要公共设施，并支持阿格里帕修建了万神殿和大浴场等公共建筑。在其统治的四十多年时间里，励精图治的奥古斯都果然把"砖土的罗马变成了大理石的罗马"，同时代的伟大诗人贺拉斯对奥古斯都治下的罗马赞美道：

"整个城市发出耀眼的光芒，

这光芒遮住了阳光，

世上再也没有什么比它更耀眼的光芒了！"

正是在奥古斯都重建的基础上，一座雄伟壮丽的帝国之都开始在台伯河畔迅猛崛起。

尤利乌斯－克劳狄王朝和弗拉维王朝时期的著名建筑

屋大维去世之后，在尤利乌斯－克劳狄王朝和弗拉维王朝统治期间，罗马城又涌现出一些气势如虹的巨大建筑。例如尼禄修建的"金宫"，不仅占地极广（时人戏称几乎囊括了整座罗马城），总面积达 80 万平方米，而且布满了琼楼玉宇，雕梁画栋，并辅之以幽邃林木、湖光野趣，充分展示了出众的艺术创造力。特别是其中著名的八角形大厅，造型雅致，装潢精美，极尽奢靡豪华，其首创的圆顶结构为后来的罗马建筑开创了新风。可惜这座金碧辉煌的皇宫不久以后毁于一场火灾，在"金宫"的尼禄巨幅雕像和人工湖一带，后来的罗马皇帝韦斯巴芗和提图斯分别修建了著名的科洛西姆竞技场和提图斯浴场。

科洛西姆竞技场堪称罗马帝国存留至今的最壮观的建筑物，已经成为罗马的典型标志。这座因尼禄巨像而得名的圆形竞技场（实为椭圆形竞技场）占地两万平方米，竞技场的长轴为 188 米，短轴为 155 米。整个竞技场的周长为 527 米，其环形拱廊的外墙高达 48.5 米，可分为 4 层：下面 3 层分别采用了罗马塔司干式、希腊爱奥尼亚式、希腊科林斯式柱体与罗马拱券相结合的建筑风格，充分表现了罗马建筑博采众长和创造更新的特点；第 4 层则用水泥黏合砖石而砌成。竞技场内部的观众席由下至上共分为 30 余排，分别供皇帝及皇室其他成员、元老贵族、骑士或商人、平民百姓等不同社会阶层人士就座；最上面一层没有座位，妇女和下等人只能站着观看竞技活动。

希腊的剧场通常采取半圆形或扇贝形结构，表演的舞台居中而建，观众席则呈扇贝状围绕舞台展开。罗马人则把希腊的剧场发展成为一种封闭式剧场或竞技场，不仅在结构上开创了圆形或椭圆形的表演场所，而且在圆形竞技场的四周开通了许多供观众出入的通道。例如，科洛西姆竞技场的环状围墙四周共建有 80 条供人们出入的拱廊通道，通过石砌阶梯直接通往竞技场内的观众席；内圈也有 50 余个规模不一的阶梯，联通不同层级的观众席。我们今天的大型体育场就是受到了罗马竞技场的这种圆形结构和开放通道的建筑模式的启发，一旦遇到紧急情况，人们可以迅速地疏散撤离。罗马竞技场坚实厚重的中央舞台地面之下，挖空并建有许多相互联通的房间和回廊，以供准备上场竞技的角斗士和猛兽以及工作人员使用；罗马人甚至还设计了以机械滑轮来操控的升降设施，以便将野兽从地下通道提升至地面，进行斗兽表演。总之，科洛西姆竞技场将精妙的设计、卓越的工艺、坚固的结构和优美的造型融于一体，兼具希腊的元素与罗马的风范，充分体现了罗马建筑的实用、坚固和美观的文化特色。科洛西姆竞技场无论是从外形景观还是内部构造来说，均可谓是精美绝伦，无可挑剔，其雄浑的场面和恢宏的气势，淋漓尽致地展现了罗马帝国气吞万象的霸道格局。

罗马科洛西姆竞技场的恢宏气势

　　罗马帝国境内有三大竞技场，它们分别是罗马的科洛西姆竞技场、北非的埃尔·杰姆竞技场（在今突尼斯），以及意大利北部的维罗纳竞技场。北非的埃尔·杰姆竞技场建于公元 3 世纪初期，被后世西方作家称为"罗马帝国在非洲存在的标志和象征"。维罗纳竞技场比罗马的科洛西姆竞技场还要早建 40 余年，它或许对韦斯巴芗建造罗马竞技场产生了一定的影响。这些竞技场皆场面宏大，气势磅礴，与罗马科洛西姆竞技场交相辉映，争妍斗艳。

北非的埃尔·杰姆竞技场

意大利的维罗纳竞技场

　　除了这三大竞技场之外，罗马人还在帝国疆域各地修建了许多竞技场。正如扇贝形剧场是希腊城邦的象征一样，圆形竞技场也是罗马帝国境内每个大城市的典型标志。在公元 79 年毁于火山喷发的意大利南方重镇庞贝、法国南部城市奥朗日、克罗地亚海滨城市普拉、西班牙古城梅里达，以及曾经作为四帝共治都城之一的德国名城特里尔，都建有巨大的圆形竞技场。这些曾经充斥着残忍的格斗场面的罗马建筑遗址，至今仍然激发起参观者们的无尽回想。

德国特里尔竞技场遗址

　　根据罗马时代流传下来的壁画资料和文字记载，可以得知罗马竞技活动的场面极为血腥残忍。竞技活动通常可以分为如下"三部曲"：

　　　　上午是人与狮子、老虎、大象、野牛、长颈鹿等各种大型动物之间的格斗表演，但凡是罗马人能够捕捉到的动物，都会送到竞技场中供斗兽士们进行搏杀，以此来取悦看台上的皇帝、贵族和广大民众。罗马皇帝不仅是人类的统治者，也是自然界的主宰，他可以下令把非洲的狮子、大象和长颈鹿，波斯和印度的老虎等动物运送到罗马来供人杀戮与取乐。由于斗兽活动频繁举行，有些动物甚至因此而灭绝，例如有一种摩洛哥象就是在罗马人的斗兽活动中绝迹的。这种充满了血腥味的斗兽活动非常惊心动魄，大量猛兽和斗兽士血溅竞技场，不仅使崇尚暴力的罗马人欣喜若狂，而且也表现了罗马帝国统辖四海、睥睨万邦的博大气象。

中午时分开始上演第二部，即现场处决罪犯。罗马人是一个嗜血的民族，他们在疆场上杀敌建功，闲暇之时也喜欢观赏杀人活动。竞技场通常也是刑场，罗马人把一些罪犯押送到竞技场上公开处决，特别是在公元 1 世纪中叶以后，当罗马帝国的统治者开始镇压基督教时，罗马人就把一些基督徒驱赶到竞技场中，或者将他们钉在十字架上，然后放出狮子、老虎等猛兽来对其进行撕咬。而罗马观众们看到这种血淋淋的残酷情景，兴奋异常，全场欢呼雀跃，人声鼎沸。

下午的表演是一天当中的高潮部分，由角斗士上场进行一对一的厮杀。一场竞技活动往往会祭出数十成百甚至上千个角斗士，他们彼此捉对厮杀，大多数角斗士都会当场殒命竞技场，只有少数优胜者才得以存活。一场角斗下来，整个竞技场就变成了血流成河的屠宰场，最后会有一批人专门来处理尸体和清除血迹。到了罗马帝国的鼎盛时期，如图拉真时代，一年之中竟然会举行 170 多场竞技活动。整座科洛西姆竞技场可以容纳 5 万名观众，再加上在顶层站立观看的妇女和奴隶，人数甚至可达七八万。如此宏大的阵势，在众目睽睽之下不断上演刀光剑影的杀戮场面，比起今天体育场中的足球比赛或其他体育竞技，无疑更富有刺激性，同时也为嗜血成性和渴望光荣的罗马人重现了战场杀敌的激烈场面。

反映罗马人斗兽情景的马赛克壁画

除了尼禄"金宫"和科洛西姆竞技场之外，尤利乌斯－克劳狄王朝和弗拉维王朝时期的著名建筑还包括提必略在卡普里岛建造的豪华别墅、克劳狄乌斯在罗马市内修建的著名引水渠、提图斯征服犹太之后在罗马广场上建造的巍峨凯旋门、图密善在帕拉蒂尼山上修筑的壮丽皇宫等。这些建筑物都非常雄伟壮观，表现了罗马帝国开创之初君临世界的昂扬气度。

"五贤帝"时代的经典建筑

到了"五贤帝"的黄金时代，罗马帝国进入了太平盛世，国家兴旺发达，百姓安居乐业。图拉真、哈德良等皇帝不仅励精图治，而且也喜欢大兴土木来张扬自己的文治武功，一大批气势恢宏的公共广场、凯旋门、纪功柱、图书馆以及皇帝别墅等建筑相继涌现。如涅尔瓦广场（该广场原本由图密善开始建造，后因图密善被元老院处以"记录抹煞罪"而以继任皇帝涅尔瓦之名来命名并最终完工），图拉真广场、市集和纪功柱，哈德良重建的罗马万神殿、新建的哈德良别墅、哈德良陵（圣天使堡）以及在希腊、小亚细亚、不列颠等地建造的大量神庙、图书馆、城墙等建筑，安东尼·庇护与芙斯汀娜神庙，埃利乌斯大桥（通往哈德良陵），马可·奥勒留纪功柱等。这些运用混凝土技术和高超工艺而建造的宏伟建筑物大多残留至今，让后世得以领略罗马帝国盛期的辉煌景象（关于这些宏伟建筑的图像资料，可参阅前面相关章节）。

自奥古斯都以来，罗马的皇帝们都喜欢修建以自己名字命名的广场，配之以凯旋门或纪功柱，以此来炫耀自己的卓著功勋。

这些皇帝广场往往都修建在宽阔的罗马广场的北边。在诸多皇帝广场之中，图拉真广场是规模最大、占地面积最广的，它不仅包括神庙、图书馆、会堂、纪功柱等彰显国家实力的建筑，而且还包括了惠及民生的图拉真市集，将兴邦与爱民的理想熔于一炉。在图拉真时代以及后来很长一段时间里，图拉真广场都成为罗马帝国的政治、宗教和经济中心，至今历经沧桑的广场遗址和高耸入云的纪功柱仍然在传扬着"五贤帝"时代的旷世雄风。

在罗马帝国的全盛时期，罗马广场上布满了各位皇帝所建的广场和神庙：图拉真广场、奥古斯都广场、恺撒广场、涅尔瓦广场、和平广场（亦称韦斯巴芗广场）、安东尼·庇护与芙斯汀娜神庙以及后来修建的马克森提乌斯会堂（君士坦丁会堂）沿着古老的罗马广场的北翼一字排开，极大地扩展了早已是宏宇林立的罗马广场的范围。随着帝国版图的日益扩大，作为帝国中心的罗马城以及作为罗马城中心的罗马广场也在不断扩展。一个罗马帝国的公民，站立在宽阔的罗马广场上，眺望着一座座气势宏伟的广场、神庙、会堂和纪功柱，心中的豪迈之情就会油然而生。此时此刻，方能够深切体会"条条大道通罗马"的无尽意蕴。

这些蔚为壮观的广场、神庙、会堂等，由于时光的磨蚀而逐渐颓败，至今已是面目沧桑。到了 20 世纪上半叶，意大利独裁者墨索里尼更是雪上加霜，"别出心裁"地对罗马广场进行了破坏性改造。这位满脑子想要重现帝国昔日荣耀的政治野心家，不仅在意大利建立了国家法西斯党，恢复了古代的独裁制度，而且效法奥古斯都和图拉真等人大兴土木，在古罗马广场的废墟上修建了一条宽阔的帝国大道。这条为了炫耀个人权威和迎接来访的德国元首希特勒而修建的帝国大道，自西向东斜穿过图拉真广场、恺撒广场、奥古斯都广场、涅尔瓦广场以及和平广场的遗址，将这些浑然一体的古代广场撕裂开来。今天游客们在罗马的帝国大道上漫步，仍然可以感受到这条现代化的大道硬生生地把昔日辉煌的罗马广场截成了畸零的两半。

将罗马广场截为两半的帝国大道

　　"五贤帝"时代宏伟壮观的建筑大手笔，除了图拉真广场、罗马万神殿等之外，哈德良在罗马郊外亲自设计和监督建造的哈德良别墅也堪称建筑史上的典范。这位仰慕希腊文化风采的罗马皇帝在多次巡游全国的过程中，不仅借鉴和发扬了希腊的建筑元素，而且收集了大量的东方艺术珍品，将其用于哈德良别墅的修建中。由于哈德良本人精通建筑艺术并勇于创新，他把罗马的圆顶拱券与希腊的柱式装饰相结合，并充分利用湖光山色，将精美的琼宇瑶池、亭台楼阁建造于秀丽的自然环境之中，并用大量高雅的艺术品进行装点。这座占地 80 公顷，周长达 5 公里，耗时近 20 年却很少被哈德良居住——这位喜爱巡游的皇帝长年奔波于帝国的四方边境——的古典园林式别墅，将建筑、雕塑和自然风光非常协调地融为一体，开创了西方巴洛克风格之先河。哈德良别墅因其建筑风格上的崇高典雅和秀美幽邃而被后人称为"人间伊甸园"，并被联合国教科文组织列入《世界遗产名录》。作为古代的"万园之园"，哈德良别墅可与近代法国的凡尔赛宫、清代中国的圆明园相媲美，但在时间上却比后二者早了 1 000 多年。

　　"五贤帝"时代之后，帝国运道开始由盛转衰，工程气象也渐显颓势。但是由于罗马人的建造技术已经非常成熟，因此在此后的数百年间，罗马仍不乏一些重要的建筑精品出现，如塞维鲁凯旋门、卡拉卡拉浴场、戴克里先浴场、马克森提乌斯会堂、君士坦丁凯旋门，以及君士坦丁在希腊古城拜占庭重建的新首都君

第 IV 章 罗马的建筑

哈德良别墅中希腊柱式风格与罗马圆形因素合璧的庭院遗址

哈德良别墅中精美雕塑与湖光树影交相辉映

士坦丁堡，等等。这些建筑物虽然也不失宏伟气度，但是与奥古斯都和"五贤帝"时代的经典之作——奥古斯都广场、科洛西姆竞技场、图拉真广场、罗马万神殿等——相比，终不免显得矫饰有余而内蕴不足，而且在艺术手法和工艺材料等方面还具有邯郸学步、模仿抄袭之嫌。例如，科洛西姆竞技场旁边高高矗立的君士坦丁凯旋门，三拱三门的建筑形式配以四根高大俊秀的科林斯式圆柱，并饰以大量造型精美的人物浮雕，整个建筑看起来宏伟挺拔、精致典雅，然而其造型不过是对此前数百年来凯旋门建筑形制的简单模仿，门墙上和内壁上的许多浮雕更是直接从图拉真、哈德良、马可·奥勒留时代的建筑物上面硬搬过来的。这种借前人经典来装点门面的矫饰风气，恰恰表明了罗马帝国晚期建筑艺术的沦落。

第 II 节

罗马的基础设施

罗马的大道

　　有一句大家耳熟能详的话——"条条大道通罗马"。对于罗马人来说,对外征战固然重要,但是修筑道路也同样不可小觑。罗马人每征服一个新地区,就会把道路修建到那里,从而长治久安地统治广大疆域。盐野七生指出,修筑道路、桥梁等基础设施对于罗马人来说是"人类文明生活必需的大事业",罗马的高官如执政官、监察官等在当政期间除了要赢取战争胜利之外,最重要的事情就是修筑基础设施。希腊人喜欢建造神庙、竞技场和剧场等用于宗教崇拜和娱乐的公共工程,罗马人则注重修建有利于国计民生的基础设施,尤其以修筑道路和桥梁著称。因此,罗马人被后世称为"基础设施之父"。

　　由于基础设施的建设是国家的大事业,所以罗马人修建大道、水渠、桥梁等公共工程通常都不由老百姓来承担赋税，而是由监察官、执政官——帝国时期则由皇帝本人——筹集资金来进行修建。政府高官将拟建道路的修筑方案交由元老院讨论批准，然后自筹资金，由未直接参战的军队进行施工，由国家或地方政府负责维护。正因为如此，罗马的许多大道、水渠、桥梁往往都是以监察官、执政官或者皇帝的名字来命名，罗马国家的领导人也正是通过修建这些基础设施而赢得民心，正如他们通过在战场上建立军功来树立威望一样。

共和国时期罗马人修筑的第一条大道叫阿皮亚大道，是由罗马监察官阿皮利乌斯在公元前 312 年开始主持修建的。阿皮亚大道最初从罗马向南修筑到加普亚，长度为 100 多公里。后来它又进一步延伸到贝内文托，再从贝内文托穿越南部山区修建到意大利"靴底"的塔兰托，最后通至"靴跟"的港口城市布林迪西，全长为 540 公里。后来图拉真皇帝又从贝内文托向东南方向修筑了一条经由卡诺莎、巴里至布林迪西的大道，命名为阿皮亚－图拉真大道，从而实现了由贝内文托至布林迪西的双通道。

从罗马往北的第一条大道是公元前 220 年修建的弗拉米尼亚大道，这条大道通往亚得里亚海滨城市里米尼，全长 340 公里。到了共和国后期，随着罗马版图向西北方向迅猛扩张，罗马人又以里米尼为起点，继续向西北方向修筑道路，经博洛尼亚、都灵到地中海岸的阿尔、纳博讷，再到西班牙的塔拉戈纳、瓦伦西亚，最后经科尔多瓦一直修到大西洋海岸城市多的斯，全程共长

2 750 公里。

除了阿皮亚大道和弗拉米尼亚大道这两条南北通衢之外，罗马人还先后修建了罗马通往热那亚的奥勒里亚大道、罗马通往佛罗伦萨的卡萨亚大道、罗马通往佩斯卡拉的瓦勒利亚大道等多条道路，将意大利所有的重要城镇都连接起来。在南来北往的罗马大道上，每一罗里都树有里程碑，标示着此地到罗马的距离；每隔一段路程就建有驿站，方便驿差和行客。除了意大利本土之外，罗马人也在新征服的马其顿、希腊、小亚细亚、西亚、埃及和北非地区修建道路。到了帝制时期，全罗马帝国已经形成了一个纵横交错的道路网络体系，罗马城就像心脏一样，源源不断地把政治、经济、军事、文化的血液输往帝国全境。

所有的罗马大道都按照统一的规格来修建，路面的宽度均为10 米，中间的车道宽 4 米，两边的人行道各宽 3 米。道路在结构上分为 4 层，分别由小石块、混凝土沙石、小碎石和大石块铺成，路面非常坚固结实。道路两边修有排水沟，其渗水性能很强，即使下滂沱大雨，排水沟也会很快疏通。宽阔的人行道两侧建有供路人休息的石凳和罗马人的祖先墓冢。罗马人认为与先人为伴是一件非常惬意的事情。

人们常常喜欢说"条条大道通罗马"，实际上更精确的说法应该是"条条大道出罗马"，即以罗马为中心，向外辐射出道路网络体系。罗马帝国正是通过四通八达的道路体系来统御四海的。

罗马的阿皮亚大道及路边墓茔

　　历经数百年的不断修建，帝制时期的罗马大道已经如同血管一般遍布于帝国全境，将环地中海世界联结成一个血脉相通的整体。帝国各地和域外的商品物资通过罗马大道来进行输送交易，任何边陲之地一旦有风吹草动，罗马军团马上就能沿着罗马大道迅速赶往动乱地区，予以弹压和维持统治。罗马人不仅擅长征服，而且善于治理，而治理国家的一个重要手段就是四通八达的罗马道路（另一个重要手段则是规范万邦的法律）。据统计，罗马大道的主干道总长度达 8 万公里，如果加上作为支道的辅路，共计 15 万公里。8 万公里相当于绕地球两圈的长度，而 15 万公里差不多可以绕地球 4 圈。今天发达国家贯通全域的高速公路，就是由串联四方的罗马大道发展而来。

罗马的桥梁和水渠

除了遍布全国的罗马大道之外，罗马帝国全境还建有 3 000 多座桥梁，这些桥梁把被河流隔断的罗马大道连接起来。罗马城建立在台伯河畔，早在王政时期，罗马人就开始在台伯河上修建桥梁，第一座大桥就是公元前 620 年修建的萨布里休斯大桥。由于年代久远，这座大桥早已不存在了。后来罗马人又在台伯河上修建了 10 多座大桥，至今仍然在使用的桥梁有：公元前 106 年修建的米尔维奥大桥、公元前 62 年修建的法布雷西奥大桥、公元 139 年修建的埃利乌斯大桥（圣天使大桥）等。

罗马人在后来的扩张过程中，于军事征服的同时也不断地架桥铺路。在治理高卢期间，恺撒就在莱茵河上多次架设木制桥梁，以便进攻河东地区的日耳曼民族。图拉真在征服达西亚期

台伯河上古老的法布雷西奥大桥

间，又在今天塞尔维亚与罗马尼亚之间的多瑙河上修建了著名的图拉真大桥。这座由建筑大师阿波罗多洛斯设计建造的石墩大桥全长 1 135 米，由 20 个石制桥墩支撑，桥身形成了一个个拱形结构，既坚固又美观，堪称罗马桥梁建筑史上的典范。

与罗马大道和桥梁交相辉映，罗马人在基础设施建设方面还以修建水渠而著称。如同罗马大道一样，罗马人也在罗马和行省的一些重要城市修建了许多引水渠，包括高架水渠和地下通道，可以源源不断地把清澈的山泉输送到城市里边供人民享用。罗马这个民族用水特别奢侈，一方面是由于罗马地处欧洲南部，气候比较炎热，对水的需求量较大；还有一个重要原因就是罗马人喜爱洗浴，罗马皇帝为了取悦人民而修建了大量的浴场，用水量因此剧增。对水的巨大需求推动了罗马引水渠建设的发展。

公元前 312 年，罗马监察官阿庇安在铺设罗马第一条大道的同时，也修建了罗马的第一条引水渠——阿皮亚水道。虽然这条阿皮亚水道全长只有 16 公里，但是已经足以将罗马城外的山泉引入罗马城，满足罗马人的生活之需。在后来的数百年间，罗马人又陆续修建了多条从城外通向罗马的水道，特别是到了帝制时期，随着罗马浴场的大量出现，罗马水道也相应增加。罗马人所征服的一些城市，也同样修建了工程浩大、蔚为壮观的引水渠，将几十公里甚至上百公里之外的清澈泉水输送到城里来供民众使用。罗马的水道因此与罗马的大道和桥梁一样成为罗马基础设施建筑的经典之作，后世甚至把罗马的水道与埃及的金字塔和希腊的神庙相提并论，作为建筑的典范。从某种意义上说，罗马水道要比埃及金字塔和希腊神庙更为重要，因为它具有金字塔和神庙所不具有的实用性，可以满足广大民众的生活需求。时光荏苒，历史沧桑，至今罗马城和各行省城镇仍然存留着一些饱经风霜却风采犹在的高大引水渠，如罗马的克劳狄乌斯引水渠、法国尼姆的嘉德引水渠、西班牙塞哥维亚和塔拉戈纳的引水渠，以及迦太基（突尼斯）、以色列、土耳其等多地的引水渠。

如果说罗马的条条大道是"出罗马"，那么罗马的所有水道则是"通罗马"，其目的就是把城外山涧中的清泉或地下水引入罗马城供人民饮用或洗浴。罗马人继承并发扬了伊特鲁里亚人和

风采犹存的西班牙塔拉戈纳引水渠

希腊人的工程技术，先后在罗马建造了 11 条引水渠和近 500 公里的管道，其中包括 430 条地下管道。有些引水渠输送的水水质非常好，一直到今天仍然在被罗马人民饮用，如马西亚水道和维哥水道。罗马的水道无论是高架的还是地下的（根据地势的变化而异），其宽度均为 2.4 米，它们都按照统一的施工标准而建造。古代没有电力和发动机、水泵等机械设备，罗马人完全是按照几何坡度水准差的设计把数十公里甚至上百公里外的清水引入罗马和各个城市。引水渠每隔一段距离就会设置一个净化水池和蓄水池，利用虹吸原理把上游来的水进行净化和蓄存，并输送到下游水道。纵横交错的引水渠把清水从山间输入城市，再通过统一制作的陶制或铅制管道将水分流到街头巷尾的取水处，供私人和公共场所使用。陶制或铅制管道工艺精良，经久耐用，却埋藏了一个隐患——有人认为，罗马帝国人口急剧下降的一个重要原因是慢性铅中毒，这可能与罗马人长期饮用通过铅制管道输送的水有关，但是这种法说并未获得充足的证据。

罗马的引水渠不仅把清水源源不断地从郊外输入城市，而且还通过宽阔的下水道把生活废水顺畅地排放到河流和海洋中，从而使得整个水循环系统变得非常完善。生活在公元之交的罗马史学家斯特拉波在其《地理学》一书中写道："对比于希腊人创建城市时总是特别留意于景观之美、防守之固、海港航运和土地出产……罗马人则把最大的注意力放在道路的平整、用水的供应，以及能将城中污水疏导入台伯河的地下管道。……他们的下水道用石造拱券建成，许多地方都高大得可容满载干草的大车通过。由各条引水道运往城内的水量如此之大，可以说好几条河流皆直通城内，而下水道的输水亦与之相当，因此差不多每座房屋都有水池、水管，而自来水泉亦莫不丰盛涌出。"近代西方的一些大城市特别注重具有排水功能的下水道的建设，例如 19 世纪的巴黎就已经建有通达宽畅的下水道系统，在维克多·雨果的《悲惨世界》中，信仰崩溃的警长沙威最后就是通过宽大的下水道而投河自杀的。在下水道的建设方面，罗马人也为后世西方社会树立了楷模。

日本学者盐野七生在《罗马人的故事》第 10 卷中引用了希

腊哲学家阿里斯·艾利斯泰迪斯公元 143 年在罗马发表的一段演讲词，以此来说明罗马人统治世界的奥秘所在：

> "荷马曾经说过这样的话：'地球属于每一个人。'罗马把诗人的这个梦想变成了现实。你们罗马人测量并记录下了纳入你们保护之下的所有土地，你们在河流上架设了桥梁，在平原甚至在山区铺设了大道。无论居住在帝国的何处，完善的设施让人们的往来变得异常容易。为了帝国全域的安全，你们建起了防御体系。为了不同人种、不同民族的人们和谐地生活在一起，你们完善了法律。因为这一切，你们罗马人让罗马公民之

罗马的下水道

外的人们懂得了在有序稳定的社会里生活的重要性。"

罗马人不仅制定了治理万邦的法律，而且修筑了四通八达的道路、桥梁和水道。无形的法律和有形的道路，这两样东西是保证罗马帝国得以长治久安的重要因素，也是罗马人对于西方文明的最重要的贡献。

凯旋门与大浴场

罗马人修建了许多水道，他们对水的需求非常大，甚至超过了现代大城市居民的需求。罗马帝国各城市的用水量之所以如此之大，除了生活饮水之外，主要是因为罗马各地都建有许多公共浴场。这些公共浴场都是由皇帝出资修建，供老百姓们享受快乐的休闲场所，被称为"平民的宫殿"。仅在罗马城，著名的公共浴场就有阿格里帕浴场、尼禄浴场、提图斯浴场、图拉真浴场、卡拉卡拉浴场、德基乌斯浴场、戴克里先浴场等。这些占地广阔的大浴场是与高耸挺立的罗马水道并驾齐驱地修建起来的，二者同样具有恢宏的气势，皆为罗马建筑的奇观。

罗马人与希腊人同属于地中海世界的民族，由于气候温暖、环境宜人，这两个民族都热爱户外的公共生活（包括政治生活和文化生活），修建了许多宏伟的公共建筑。但是这两个隔着亚得里亚海背向而立的民族却具有迥然不同的精神气质，这种精神气质上的巨大差异也表现在公共建筑方面。因此，通过希腊人和罗马人的主要公共建筑，可以明显地看出这两个民族的文化分野。

希腊人最主要的公共建筑分别是神庙、竞技场和剧场。神庙是用来敬拜神灵的，竞技场是希腊精英才俊展现身体魅力和高超技能的地方，而剧场则是希腊广大民众接受文化熏陶的重要场所（诚如现代人是在教室里接受文化教养一样，城邦时代的希腊人是在剧场里开启文明教化的）。从以上三大公共建筑中可以看出希腊人的超逸浪漫性情。

而罗马人也相应地建有三大公共建筑：其一为凯旋门，这是为了标榜凯旋将军尤其是皇帝的赫赫军功而建的纪念碑；其二是竞技场，但罗马的竞技场完全不同于希腊的竞技场，希腊竞技场是社会精英一展身手的运动场，而罗马竞技场却是有身份的权贵和公民们欣赏地位卑微的角斗士搏杀猛兽或彼此格斗的血腥场所；其三是大浴场，如果说希腊的剧场是陶冶性灵的文化温床，那么罗马的大浴场就是快乐肉体的欢享胜地。

从希腊和罗马的三大公共建筑的差异中可以看出，希腊人追求卓越的浪漫理想，罗马人推崇现实的物欲享受；一个体现了唯美主义的文化取向，另一个则显示了功利主义的价值追求。罗马人的功利主义既表现为早期开疆拓土的英雄主义，也表现为后来追欢逐乐的纵欲主义；宏伟的凯旋门代表了前者，而宽阔的大浴场则代表了后者。

在罗马的凯旋门和大浴场之间，也可以看出罗马文化精神的蜕化轨迹，即功利主义从崇高典雅的英雄主义向蝇营狗苟的享乐主义的转化。

在共和国时期，罗马元老院和人民在为功勋卓著的将军举行凯旋式时，往往会搭建比较简单的凯旋门以示庆贺，这些临时性的凯旋门一般都难以长期保存。罗马帝国境内留存至今的凯旋门，几乎都是在屋大维统一全国、开创了"罗马统治下的和平"之后才修建的。当屋大维完成了对弗拉米尼亚大道的改造工程之后，他曾经在大道的终点里米尼修建了一座凯旋门。在其统治的晚期，他又在今天法国的奥朗日建造了一座凯旋门，以纪念恺撒当年对高卢的征服，凯旋门上面镌刻着恺撒率领罗马军团与高卢人战斗的激烈场面。此后，但凡在国外征战和国内建设中卓有建树的罗马皇帝都喜欢修建凯旋门来彪炳功勋，因此至今留存的凯旋门均以皇帝之名来命名，如罗马的提图斯凯旋门、塞维鲁凯旋门、君士坦丁凯旋门，以及图拉真在贝内文托建立的图拉真凯旋门等。

希腊人一生中最荣耀的事情就是获得奥林匹亚竞技会的桂冠，罗马人一生中最荣耀的事情则是举行凯旋式，而凯旋门就是凯旋式的一种永恒的凝固形式。巍峨的凯旋门展现了凯旋将军的卓越功勋，激励着罗马人建功立业的英雄情怀。但是自

"五贤帝"的黄金时代之后，随着罗马帝国的每况愈下，对外的拓土征战逐渐转变为内部的争权夺利，凯旋门的光彩随之黯淡，大浴场却日益兴盛。继北非出身的塞维鲁皇帝报复性地在罗马广场上建立了雄伟的塞维鲁凯旋门（公元203年）之后，他的儿子卡拉卡拉皇帝在罗马城里建造了宽阔的卡拉卡拉浴场（公元216年竣工）。父子二人所建的这两座迥然相异的宏伟建筑，恰恰意味着罗马文化精神的黯然蜕变。

从建筑规模来看，罗马大浴场是可以与罗马竞技场相媲美的大手笔。根据历史资料，罗马的第一座大浴场应该是屋大维的

法国奥朗日凯旋门

助手阿格里帕在公元前 1 世纪末叶所建，毗邻于不久前修建的尤利娅选举会场和罗马万神殿。此后，帝国的一些皇帝都热衷于修建浴场，以至于罗马城里的大浴场遍地开花，与罗马水道竞相发展。如果说凯旋门是用来炫耀皇帝的丰功伟绩，那么大浴场就是为了博取人民的欢心。随着帝国的不断衰落，丰功伟绩已经是花果飘零，但是由皇帝出资修建的大浴场却兴旺发达。

在诸多罗马浴场中，最为壮观的当数公元 2 世纪的图拉真浴场、公元 3 世纪的卡拉卡拉浴场和公元 4 世纪的戴克里先浴场，这些浴场修建得一座比一座精美完善、气势宏大。时至今日，图拉真大浴场已经荡然无存，卡拉卡拉大浴场的废墟风采犹在，戴克里先浴场则被分割成好几个重要建筑，包括今天罗马的共和广场、安杰利圣母教堂、罗马国立博物馆以及部分浴场遗址等。宏伟壮观的大浴场不仅分布在罗马，而且也遍及帝国的各个地区，残留至今的尚有意大利的庞贝浴场、希腊的科林斯浴场、北非的安东尼浴场、英国的巴斯浴场等。有的浴场仍然保存完好，让今人得以遥想当年罗马人洗浴享乐的豪迈场面。罗马人酷爱洗浴，他们每到一处，只要有条件（如温泉、湖泊等），就一定会修建浴场。比如英国的巴斯距离罗马路途遥远，却富有温泉，罗马人征服了该地之后，利用温泉资源修建了浴场，后来逐渐在浴场的基础上形成了城市——得名为"巴斯"（Bath）。

罗马浴场的宏大场面绝非我们现代人可以想象的，其规模气势与罗马竞技场相比也不遑多让，真可谓是惊天地、泣鬼神！

以罗马城南的卡拉卡拉大浴场为例，这座距今已有 1 800 多年之
久的古代浴场，占地面积为 16 万平方米，除了巨大的洗浴场所
之外，还包括附属的图书馆、健身馆、艺术馆以及休闲庭园。其
中的洗浴场所占地约 3 万平方米，可分为热水浴池、温水浴池和
冷水浴池。罗马的浴池一般都采取架空结构，由暖炉中燃烧的炭
火把热气输送到浴池下面架空的通道中，烧热浴池底部的石板和
池水。罗马人在洗浴方面非常讲究，他们往往先在温水浴池里洗
浴，然后进入热水浴池，最后再到冷水浴池中浸泡，使肌肤迅速
收缩，从而起到强身健体的作用。卡拉卡拉大浴场可以供 2 000
人同时洗浴，罗马人的浴场规模和洗浴场面堪称前无古人，后无

保存完好的英国巴斯浴场

卡拉卡拉大浴场废墟局部

卡拉卡拉浴场复原模型剖面图

来者。在洗浴享乐（以及宴饮纵情）方面，罗马人也表现出与浴血疆场时同样犷悍豪迈的英雄气概！

　　卡拉卡拉大浴场不仅规模宏大，而且浴场里面充满了精美的装饰物和艺术品，所有的厅堂水榭均是装潢优雅、精雕细琢，其中最著名的艺术品就是今天珍藏在那不勒斯国家考古博物馆中的赫拉克勒斯雕像。这尊高3.2米的巨型雕像的残躯是从文艺复兴时期以来渐次从卡拉卡拉浴场的废墟中发掘出来的，经后世艺术家们的拼接修补，再现了公元3世纪罗马雕塑艺术的巅峰水平，因曾经收藏于罗马教皇的法尔内塞宫而得名为"法尔内塞的赫拉克勒斯"。

到了公元 4 世纪初，再度实现了帝国统一的戴克里先派人在罗马修建了一座规模更加宏大的浴场，即戴克里先浴场。这座全罗马帝国最大的公共浴场可以供 3 000 人同时洗浴，各种功能设施配套齐全。时至今日，这座宏伟的戴克里先浴场已经被分割成不同的部分——人们一走出罗马市中心火车站，举目所见的开阔的共和广场就是从前戴克里先浴场的拱门，广场对面高耸的巴西利卡式建筑就是文艺复兴时期艺术大师米开朗琪罗在戴克里先浴场的温水浴池和冷水浴池基础上重建的安杰利圣母教堂，教堂后面则是在浴场遗址上修建的罗马国立博物馆和戴克里先浴场博物馆，现今开放供各国游客参观游览。现代游人从共和广场至安杰利圣母教堂，再到罗马国立博物馆和戴克里先浴场博物馆游览一趟，至少需要花费大半天的时间，由此足见当年这座"平民的宫殿"的规模之宏大。

最初的罗马浴场其实是一个综合性的娱乐场所，不仅提供洗浴按摩服务，而且也是汇集体育健身、图书阅读和艺术鉴赏于一体的综合性娱乐休闲场所。早期罗马浴场实行男女混浴，时常会发生一些有伤风化的事情。到了哈德良皇帝统治时期，他下令实行男女分时洗浴的制度，浴场在一天的不同时段分别向男女开放。但是到了罗马帝国后期，男女共浴的风气再度盛

卡拉卡拉大浴场中发掘的赫拉克勒斯巨型雕像

行，浴场也逐渐蜕变为风月场所，并公开设置了妓院为洗浴者服务，浴场地面和墙壁上也出现了大量的春宫图和淫荡画面。罗马这个民族在声色犬马方面从来都不避人耳目，他们在酒色情欲上的恣睢放纵与他们在浴血战场上的勇猛残暴是交相辉映的，同样都具有一种坦荡荡、赤裸裸的率真特点。罗马人可以寡廉鲜耻地极尽人欲，但是他们绝不会像中世纪罗马天主教会的神职人员那样道貌岸然，满嘴冠冕堂皇的大道理，背地里干一些偷鸡摸狗的龌龊勾当。从某种意义上可以说，罗马人即使在堕落的时候也带有几分豪迈的英雄气概！

戴克里先浴场复原模型

古罗马帝国的辉煌 第 IV 卷 文化风采

在戴克里先浴场拱门基础上改建的罗马共和广场

后世有一种说法：辉煌的罗马帝国最终毁于奢靡放荡的罗马浴场。现代医学研究表明，男人长期浸泡在热水中可能会导致生殖能力下降，从而造成了罗马人口的急剧减少，帝国最终在日耳曼民族的入侵之下土崩瓦解。且不论这种说法是否有科学根据，仅就罗马人经年累月地泡在浴场中享受快乐而言，他们必定会形成一种慵倦颓丧的萎靡之风，使早年的英雄主义逐渐销蚀在醉生梦死的放纵之中。法国 19 世纪学院派画家托马斯·库退尔（Thomas Couture）在《颓废的罗马人》一图中，惟妙惟肖地再现了罗马人放浪形骸的颓靡情景。罗马男女集体淫乱画面的右下角，站立着两个分别身穿红、蓝服装的日耳曼人，他们冷眼相观，因罗马人的恣肆放纵而深感震撼。后来，正是这些野蛮而淳朴的日耳曼人，摧毁了自甘沉沦的罗马帝国。

库退尔:《颓废的罗马人》

第 V 章

罗马的艺术与文学

由于罗马人注重实用，加之罗马帝国实力雄厚，因此，但凡涉及具象的工艺技术，罗马人的水平都要高于希腊人；然而只要涉及抽象的文化形态，罗马人就在希腊人面前相形见绌了。罗马这个民族不擅长抽象的思想，却偏重于实用的技术，他们的思辨素养远远不及他们的动手能力。罗马人在公共建筑和基础设施方面创造了超越希腊人的辉煌成就，在造型艺术方面虽然对希腊风格多有模仿，但是也开创了独具一格的风范，充分体现出罗马人追求"真实之美"的典型特点；然而在文学方面，罗马人只能跟在希腊人后面亦步亦趋，邯郸学步，在哲学方面就更无法与希腊人同日而语了。

第 I 节

罗马艺术的"真实之美"

罗马造型艺术的早期发展

在文明发展的早期，罗马人在艺术方面深受伊特鲁里亚人的影响，并通过后者而受到希腊风格的濡染。罗马文明的初始阶段通常也被叫作伊特鲁里亚文明，伊特鲁里亚人的绘画和雕塑艺术已经达到了比较高的水平。他们不仅创作了大量反映日常生活情景的壁画，而且也在墓葬雕塑方面卓有建树。例如在公元前 6 世纪后期的某一石棺雕刻 ① 中，一对夫妇相偎斜卧，笑容可掬；较晚时期的另一石棺棺盖上，雕刻着一对夫妻相拥而卧，四目对视，身上还搭着一条薄如蝉翼的被单，鲜明地展现了伉俪二人昔

---

① 伊特鲁里亚人的石棺雕刻和人物壁画可参见本书第 I 卷中的第二、第三、第四张插图。

日相濡以沫、举案齐眉的恩爱情景。从这些石棺上的人物造型来看，男人均蓄有络腮胡须，与崇尚修饰的希腊人颇为相似，而与朴素净面的罗马男子全然不同，由此可见伊特鲁里亚艺术在希腊与罗马之间的意义。

公元前 4 世纪表现伊特鲁里亚夫妻恩爱的石棺棺盖

　　除了墓葬雕刻外，伊特鲁里亚人在青铜造型方面也具有很高的造诣，今天珍藏在罗马卡庇托尔博物馆的母狼哺乳罗慕路斯兄弟的著名青铜雕塑，其中的母狼就是公元前 5 世纪伊特鲁里亚人的创作，而那对孪生子据说是两千年后米开朗琪罗巧夺天工地增补上去的。与母狼雕塑相类似的另一个伊特鲁里亚经典艺术品，就是希腊神话中三头怪物喀迈拉的青铜雕像。这具收藏在佛罗伦萨博物馆中的精美雕塑将狮头、羊角和蛇尾巧妙地集于一身，非常形象地展示了这头喷火怪兽的凶猛特征，也充分体现了伊特鲁里亚人造型艺术的高超水准。

伊特鲁里亚人的三头怪物喀迈拉青铜塑像

　　公元前 3 世纪以后，随着罗马国家的发展壮大，罗马人在造型艺术方面也逐渐开创出独具一格的风格特点，与希腊人和伊特鲁里亚人相比可谓是各有千秋。希腊人喜欢将神话中的神祇和英雄等虚构的角色作为艺术表现对象，而罗马人的雕塑作品则更加强调"真实之美"，造型对象大多为历史中和现实中的真实人物。相比而言，罗马的雕塑作品不像希腊艺术那样充满了浪漫色彩，而是更多地反映了历史事实和现实生活。

　　罗马人的雕塑作品大致可以分为两类，一类是叙事浮雕，另一类则是肖像雕塑，二者都是以表现真实的人物和事件为主。

　　与希腊浮雕渲染神话故事的虚构性不同，罗马的浮雕带有明显的叙事性特点，即通过浮雕画面去表现一个历史事件。罗马叙事浮雕的代表作品有奥古斯都修建的和平祭坛、提图斯凯旋门、图拉真纪功柱等。这些宏伟建筑上面的精美浮雕生动地展现了奥古斯都家族成员和众元老参加祭祀的景象、提图斯皇帝镇压犹太人起义和掠夺战利品的情形、图拉真皇帝指挥罗马军队征服达西亚的场面等。这些场景都是对历史事件和现实生活的反映。

　　罗马人的肖像雕塑最早起源于有关祖先遗容的蜡模面具，早期的罗马人为了纪念先祖，往往会在父辈刚刚去世时，将融化的蜡涂抹在亡者脸上，等蜡凝固了之后，将其取下做成遗容面具。这种蜡模面具由于是直接从新逝者尚未变形的脸上拓下来的，所以非常逼真。后来，罗马人就以蜡模面具为基础，逐渐发展出人像石雕和青铜雕塑。由于艺术作品直接源于真人形象，罗马的人

罗马广场的提图斯凯旋门内壁上反映提图斯征服犹太后凯旋的浮雕

老人塑像

手拿祖先头像的罗马贵族

物塑像达到了惟妙惟肖的精准程度，不仅是面部轮廓极为相似，而且也活灵活现地展现出表情特征。在人物肖像创作方面，公元前 1 世纪的一尊老人塑像堪称典范——刀凿一般的深刻皱纹和坚韧倔强的深沉表情充分表露了一位饱经沧桑的老人的岁月风貌；另一尊身穿托加袍、手拿祖先头像的男子雕塑也颇为经典，显示了罗马贵族祖功宗德、不忘根本的传统美德。

到了帝制时期，一些皇帝的肖像雕塑更是栩栩如生，活灵活现地展示了人物的面部特征和精神气质。例如，韦斯巴芗塑像惟妙惟肖地刻画出农民的质朴和狡黠，图拉真塑像充分展示了军人的威武和干练，卡拉卡拉塑像生动形象地再现了暴君的凶残和戾气，君士坦丁巨像则淋漓尽致地表露出专制君主的自恃和霸道；更为经典的人物造型作品如威风凛凛的奥勒留骑马青铜雕像①、貌似赫拉克勒斯的康茂德大理石塑像，以及卡拉卡拉浴场中发掘出来的赫拉克勒斯巨型雕像等。特别是今日珍藏在罗马梵蒂冈博物馆的那尊奥古斯都身着戎装的著名雕像，更是将雄姿英发的屋大维君临天下、踌躇满志的豪迈气概一展无遗——不久前被元老院赋予"奥古斯都"称号的屋大维以凯旋将军的胜利姿态巍然而立，右手指向前方，英武俊秀的面庞上透露出一统天下的自信和荣光，右腿下面有一个爱神丘比特的造型，昭示着伟大统帅的仁爱之心。这尊经典的大理石人物塑像大约完成于公元前 19 年至公

经典的奥古斯都雕像

① 这尊经典的奥勒留骑马青铜雕像是古罗马时代唯一留存后世的皇帝骑马雕像，这尊雕像长期以来一直被人们当作基督教的解放者君士坦丁大帝的雕像而摆放在罗马拉特兰宫门前。到了文艺复兴时期，大艺术家米开朗琪罗才证实这是马可·奥勒留的雕像，于是将其移至卡庇托尔山上放置。后来人们为了避免风蚀雨淋损害它，又将这尊青铜雕像搬进卡庇托尔博物馆中保存，而在原来的位置上重新塑造了一尊石材仿制品，这就是游客们今天在卡庇托尔山上所看到的奥勒留骑马石像。

元前 13 年，充分展现了奥古斯都开创的罗马统治下的和平时代的新兴气象，同时也奠定了寓理想精神于现实素材之中的古典主义艺术风格。

罗马造型艺术的辉煌成就

　　除了刻画现实人物的雕塑作品之外，罗马人也仿效希腊人塑造了大量神话人物的雕像，如朱庇特、密涅瓦、马尔斯、维纳斯等神明石雕，以及许多精美细腻的传说浮雕，如反映希腊人与阿马宗人之间战斗的浮雕，雕刻在石棺上的希腊悲剧《奥瑞斯提亚》（奥瑞斯忒斯弑母替父报仇）、希腊诸位英雄在卡吕冬狩猎的故事等。这些雕塑作品都具有很高的艺术水准，充分表明罗马人在造型艺术方面的伟大成就堪与希腊人相媲美。

　　罗马时代最经典的人体造型艺术作品当数《拉奥孔》，这尊呈现为金字塔结构的石雕讲述了一个著名的神话故事：特

罗马美神维纳斯雕像

表现希腊人与阿马宗人战斗的浮雕

洛伊祭司拉奥孔由于识破了希腊人的木马计而得罪了雅典娜，后者派了两条巨蟒把拉奥孔父子三人活活缠死。这件雕塑作品惊心动魄地展现了拉奥孔父子在蟒蛇的缠绕下痛苦挣扎的惨烈情景，居中而立的拉奥孔由于遭受巨蟒的缠困噬咬而面容痉挛、身体扭曲，他一边竭力将张开大口的蛇头从自己的臀部拉开，另一边则试图把儿子们从困境中解救出来；而两个被蟒蛇紧勒的儿子则绝望地仰视父亲，将所有的生存希望都寄托在同样面临绝境的拉奥孔身上。整个艺术品充满了雄浑的力度，给人带来强烈的震撼，于静穆凝固的大理石造型中透露出一股血脉偾张的巨大动感，于凄楚痛苦的绝望处境中展现出一种崇高

惊心动魄的拉奥孔雕像

悲壮的不屈精神。18 世纪德国艺术史家温克尔曼将高贵典雅的维纳斯雕像与这尊寓动于静的悲剧性雕塑并称为"高贵的单纯，静穆的伟大"，德国杰出美学家莱辛以这组雕像为名而撰写了《拉奥孔》一书，在对这一古典艺术杰作极尽赞美的同时，也深刻阐释了造型艺术与诗歌之间的美学差异。

以往人们一直认为这尊拉奥孔雕像是由希腊罗得岛的哈格桑德罗斯（Hagesandros）等三位艺术家在公元前 1 世纪中叶完成的，但是晚近的研究却越来越倾向于把这件作品归于奥古斯都以后的时代，因为制作雕像后部祭坛的一块卡拉拉大理石板是从奥古斯都时代才开始被广泛使用的。而且这件作品是从提图斯皇帝所建的罗马浴场中被发掘出土的（ 16 世纪初 ），再加上作品中所充溢的强烈力感完全不同于希腊化时期婉约秀美的"小资"情调，因此这件以往一直被视为希腊艺术的雕塑作品现在已经越来越多地被人们归于罗马艺术的范围之内，至今仍然作为镇馆之宝珍藏在罗马教皇的梵蒂冈博物馆中。

到了罗马帝国时期，由于受希腊文化的影响越来越深，一些模仿希腊艺术风格的雕塑学校也纷纷建立，许多希腊艺术精品被仿制出来，有些甚至达到了以假乱真的水平。时至今日，由于时光的侵蚀，一些珍贵的希腊原作（如公元前 5 世纪米诺的《掷铁饼者 》等 ）已经荡然无存，但是大量的罗马复制品却流传后世，同样也具有很高的艺术价值。

保存在罗马国立博物馆的米诺的《掷铁饼者》(罗马复制品)

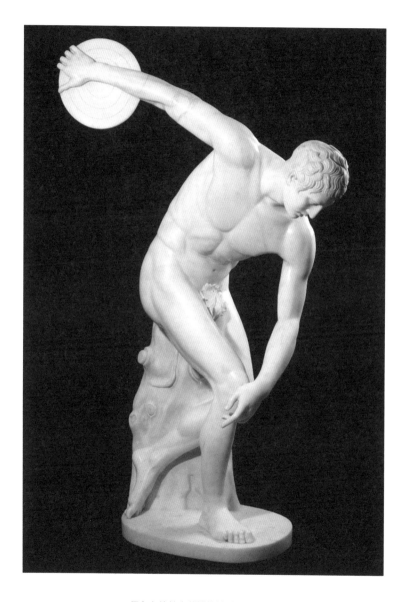

保存在伦敦大英博物馆的米诺的《掷铁饼者》（罗马复制品）

除了石雕和青铜雕塑之外，罗马人在玉雕（cameo，即宝石浮雕）和瓶雕方面也取得了卓越的成就，前一方面的杰作包括表现诸神为奥古斯都加冕的奥古斯都宝石、提必略和李维娅端坐正中的尤利乌斯－克劳狄家族大浮雕（亦称"法兰西大浮雕"）等；后一方面的代表作品无疑当数珍藏在伦敦大英博物馆的波特兰花瓶，花瓶的黑色陶瓷上面饰有两幅白色的浮雕画面，讲述了希腊英雄帕琉斯与海洋女神忒提斯之间的爱情故事（他们爱情的结晶就是特洛伊战争中大名鼎鼎的希腊英雄阿喀琉斯）。这些宝石浮雕和花瓶浮雕都显示出非常精湛的工艺，鲜明生动地表现了帝王家族的显赫权势和美丽浪漫的神话故事。

奥古斯都宝石

波特兰花瓶

　　罗马造型艺术的另一种形式就是马赛克镶嵌画，虽然希腊早在城邦时代就已经出现了马赛克镶嵌艺术，但是罗马人在这一领域却取得了更加引人瞩目的成就。古希腊时期的马赛克制作工艺远远无法与罗马的马赛克制作工艺相比，再加上时代久远，许多镶嵌作品已经无存于世，人们今天看到的马赛克镶嵌画大多是罗马时代的作品。例如，保存在意大利那不勒斯博物馆的著名的马赛克镶嵌画《伊苏斯战役》——画作题材是关于公元前 333 年亚历山大与波斯国王大流士三世的伊苏斯会战——是公元前 100 年前后的罗马艺术家仿照公元前 4 世纪希腊画家菲罗克西诺斯（Philoxenos）的原画而作，原为庞贝城一所豪华宅邸的巨幅地面镶嵌画，无疑算是罗马艺术的产物。庞贝城、蒂沃利、卡萨尔以及罗马帝国各地的一些豪宅的地面和墙壁上，都保留着大量精美的马赛克镶嵌画遗迹，它们记录了罗马人征战狩猎、举行凯旋式、捕捉和运送珍禽异兽等情景。意大利南部的卡萨尔庄园遗址中，还有一幅别开生面的镶嵌壁画，它表现了妇女们进行体育游戏的有趣场面。

马赛克镶嵌画:《伊苏斯战役》

反映罗马人运送各种动物的马赛克镶嵌画

表现罗马妇女进行体育游戏的马赛克镶嵌画

　　无论是雕塑、浮雕还是镶嵌画，也无论是采取了大理石、青铜、玉器、琉璃或者马赛克等何种材质，罗马的艺术品都同样表现出注重"真实之美"的基本特点，生趣盎然地再现了历史人物和现实生活的具体场景。与希腊艺术充满了浪漫虚幻的神话氛围不同，罗马艺术更多地表现出罗马人立足现实、经世致用的文化特点。

第 II 节

罗马文学的发展历程

罗马文学的产生

罗马人在工程建筑方面明显地超越了希腊人，在造型艺术方面与希腊人各有千秋，但是在文学创作方面却相形见绌；至于在更加抽象的哲学领域，罗马人的贡献则完全不足挂齿。建筑、雕塑、绘画等皆为凝固于空间中的艺术，在这方面，擅长实用技术的罗马人是颇具优势的；然而音乐、诗歌、表演（戏剧）等则是流动于时间中的艺术，哲学更是超越时空形态的抽象思辨，在这些方面，天生缺乏诗意和浪漫情怀的罗马人就难免捉襟见肘了。蒙森在谈到意大利人在这两个方面的不同表现时非常精辟地指出：

"意大利人极精于建筑、绘画和雕刻，在古文化时期，意大利人在这些方面是希腊人的高足弟子，到了近代，意大利人成了所有民族的大师。

　　"任何一个民族莫不有自己的诗歌和音乐，但属于具有独特诗才的民族中，意大利民族过去和现在都不在此列。意大利人内心缺乏热情，他们缺乏使人情理想化和赋予无生命之物以人性的渴望，这恰恰是诗艺的精髓所在。"

　　罗马人使用的拉丁语原本是起源于台伯河岸小村庄的方言，随着罗马人的征服活动而逐渐传播到意大利的广大地区，后来经过伊特鲁里亚人这一中介，从希腊文字中演化出独具一格的拉丁文字（《十二铜表法》的颁布标志着拉丁文的基本成形）。尽管拉丁文的产生最初是受到了希腊文的影响，但是罗马人一直到第一次布匿战争结束后才有了自己独立的文学。

　　早在王政时期，罗马人就会在举行宗教仪式时进行一些表演活动，如手执武器在长笛——不同于希腊人的弦琴——的伴奏下载歌载舞，或者戴上各种面具进行滑稽的表演。这些炫耀武力且粗俗不堪的表演是完全无法与同时代希腊人的崇高典雅的抒情诗朗诵和悲剧演出同日而语的，但是它们却能极大地激发罗马人的勇武精神和战斗意志。在城邦时代的希腊人眼里，拉丁平原上这些挥动戈矛集体起舞的罗马人是一群完全缺乏教养的野蛮人，毫无任何诗情画意的素质品位。从那时起，文雅的希腊人就瞧不起粗鄙的罗马人，即使后来被罗马人征服亦未曾改变，并且一直把这种文化上的蔑视之情维系到中世纪和近代。

早期罗马人的歌谣、舞蹈主要是在宗教节庆活动中表演，民间一些传唱低俗故事并以此为生的"鬻歌者"或游吟诗人则完全不能登大雅之堂，而且还经常遭到社会权势的诋毁责罚。老伽图就曾经说过："诗人这个职业，从前不受尊重；如果有人从事这种职业或沉湎于宴会，人们便称他为游手好闲者。"蒙森也写道："社会把歌咏家和诗人与跳绳人和丑角等量齐观。司风俗的官吏常宣布这类的人不能服役于市民军，或在市民大会里投票。"由此可见，在早期罗马社会，诗人、伶人等都属于下三烂之流，往往被一般罗马人不齿。

罗马最初的文学作品——如果还能称得上是"文学作品"的话——不过是一些农时记录或民间训诫，如《工作与时日》之类的粗陋之作，而且明显具有对希腊诗歌的拙劣模仿之迹。最早涉及罗马故事的希腊文学作品应该是荷马的《奥德修纪》，足智多谋的希腊英雄奥德修在特洛伊战争之后回归家园的过程中，曾经历了许多奇遇，其中就包括在西西里岛上陷入了独目巨人波吕斐摩斯的魔掌，以及在意大利墨西拿海峡附近海域航行时受到了塞壬女妖美妙歌声的诱惑。这些故事很早就传到了意大利，构成了罗马人最初的神话教养，并在后来的罗马文学和艺术品中得以保存。

希腊文学对于罗马人的更重要的影响，可能来自公元前 6 世纪西西里岛的希腊人斯台西科罗斯（Stesichoros，公元前 632 年—公元前 553 年）的史诗《伊利昂的毁灭》。在这部神话史诗中，斯台西科罗斯把关于特洛伊大英雄埃涅阿斯在城毁国亡后

表现奥德修与塞壬女妖故事的罗马壁画

携带家人迁徙西方的故事传给了西西里岛和意大利南部地区的人们，从而使当地人开始认同自己是特洛伊人的后裔。三百年后，另一位西西里岛的传记作家蒂迈欧（Timaeo）在第一次布匿战争爆发前夕，撰写了一部富有想象力的史书，具体描述了埃涅阿斯在拉丁姆地区建立神庙、开创基业的事迹，特别是把迦太基的狄多女王穿插到埃涅阿斯的漂泊故事中，从而为这都充满了神圣感召的英雄史诗增添了几分催人泪下的浪漫色彩。而此时，埃涅阿斯的后裔与狄多女王的族人正准备进行一场酷烈而漫长的生死对决。在经历了持续一百多年的对外扩张和一个世纪的内部冲突之后，到了屋大维一统江山、开启罗马治下的长期和平的时代，罗马第一大文豪维吉尔才在《埃涅阿斯纪》中给这个流传已久的传奇故事确定了最终的情节内容，并将其作为正史在罗马人中间广泛流传。

罗马人自己的文学史是从第一次布匿战争结束以后才真正开启的，而且与之相关的第一张"多米诺骨牌"也是由一位希腊人来推动的。中国著名的罗马文化史专家朱龙华教授写道：

> "罗马在王政时代后期开始采用希腊字母，略加变通，形成拉丁字母，有了自己的文字。但在此后近四百年，罗马竟无文学创作问世，直到第一次布匿战争以后，当罗马已是统一了意大利全境的强国，将要做地中海的霸主之时，才有一位出生于希腊而教学于罗马的人用拉丁文翻译了荷马史诗《奥德修纪》，揭开了拉丁文学的序幕。"

公元前 240 年，一位在罗马贵族之家担任家庭教师的希腊奴隶安德罗尼库斯（Andronicus，约公元前 284 年—公元前 204 年）把荷马史诗《奥德修纪》翻译为拉丁文，并在当年庆祝布匿战争胜利的赛会上进行吟诵，从而将文雅的诗歌表演增添到以往只有角斗、赛马之类强力活动的罗马赛会中，极大地提升了罗马庆功盛会的文化品位。此举亦成为独立的罗马文学之滥觞，很快就推动了独具特色的罗马喜剧的发展。

生性愚钝的罗马人对于希腊悲剧的深刻意蕴和崇高美感缺

乏理解和共鸣感，但是他们却对滑稽可笑的事物特别敏感，喜欢以夸张的姿态和语言对其加以渲染。因此，"民间喜剧在意大利，可谓正是培植在最适宜的土地上"（蒙森）。在安德罗尼库斯公开登台表演之后不久，罗马就产生了两位著名的喜剧家——普劳图斯（Plautus，公元前 254 年—公元前 184 年）和特伦斯（Terence，约公元前 195 年—公元前 159 年），他们身着希腊戏装来演绎罗马故事，开启了独立的罗马喜剧之路。他们虽然在表演形式上仍然无法摆脱希腊化时期喜剧大师米南德等人的基本套数，但是在戏剧内容上增添了大量罗马特有的风土人情和谐谑因素，尤其擅长表现罗马下层民众甚至奴隶的幽默和机智，并对上流社会的贪婪、丑陋进行了入木三分的揭露和嘲讽。例如普劳图斯的《商人》《一坛金子》等喜剧，均以诙谐滑稽的语言和跌宕

普劳图斯喜剧集

起伏的剧情，对一些邪恶的社会现象进行了嬉笑怒骂的讽刺针砭。这些揭露权势者的腐败堕落、彰显"小人物"的正直机智的"家庭喜剧"，深受广大罗马人民的喜爱，成为共和国时期普罗大众喜闻乐见的文艺形式。

除了普劳图斯等人的喜剧作品之外，早期罗马文学还包括一些历史著作，如尼维乌斯（Naevius，约公元前 270 年—公元前 201 年）的《布匿战争》、监察官伽图的《创始记》等，这些历史著作记载了布匿战争的发展过程和罗马古史，歌颂了罗马人开疆拓土、建立帝国的丰功伟绩。但是由于时代久远，这些著作至今均已佚失。

"拉丁散文泰斗"西塞罗

到了公元前 1 世纪，随着共和国政治冲突的日益激化以及希腊文化的不断浸润，一批罗马文学巨擘也开始崭露头角，其中最著名的人物有西塞罗、恺撒、瓦罗等人。

共和国末期罗马文坛上的泰山北斗无疑当推西塞罗，这位罗马元老院的共和派领袖也是毋庸置疑的拉丁文学魁首。他的论著和演讲不仅对当时的法律、政治、修辞、文法等都产生了巨大的影响，而且其崇高典雅、汪洋恣肆的文风也深深地濡染了后世的西方文学。乃至于一千多年以后的文艺复兴时期，以人文主义旗手弗兰齐斯科·彼特拉克（Francesco Petrarca，1304—1374 年）为首的意大利诗人和学者都喜欢模仿西塞罗的风格来撰写文章和相互通信。如果说意大利文艺复兴运动在艺术上主要是复兴了希腊古典范式，那么在文学上就主要是复兴了以西塞罗为代表的拉丁散文风格。

西塞罗年轻时受到过良好的希腊文化熏陶，熟练地掌握了希腊的辩证法、修辞学，被柏拉图主义和斯多葛主义等希腊哲学思想浸染颇深。与庞培、恺撒等弱冠之年即投身军旅和跻身政坛的人物不同，深有自知之明的西塞罗在"出道"之初即选择了罗马法庭来施展才华。怀着扶弱济困的道义精神，并凭着一张能说会道之嘴，年纪轻轻的西塞罗很快就在罗马律师界和广大民众中树立了崇高的威望。尤其是公元前 70 年，时年 36 岁的西塞罗在西西里总督威勒斯的控诉案中声名大噪，其渊博的学识、犀利的见解、激烈的抨击和雄辩的口才使其蜚声于罗马法律界。他在诉讼场上如同庞培、恺撒在战场上一样，所向披靡，无人可挡。在律师界的巨大成功使得西塞罗开始转入罗马政坛，凭借着令人生畏的雄辩、激扬人心的文采以及对共和国的满腔热忱而逐渐擢升为元老院共和派的领袖人物，与卢库鲁斯、梅特鲁斯、小伽图等人一起成为捍卫共和体制的中流砥柱。

西塞罗虽然忙于政务，却笔耕不辍，著述等身，所论及的内容涵盖了罗马的法律、政治、经济、文学、艺术以及哲学等各个领域。他的文章、书信和其口才一样，修辞精当，气势磅礴，不仅说理充分、证据确凿，而且句法抑扬铿锵，辞藻优美典雅，具有直击人心的雷霆之力。西塞罗最重要的著作有《论共和国》《论法律》《论义务》等。在这些著作中，西塞罗明确表述了他的共和立场，并大力弘扬罗马传统的道德精神。特别是当他在政治上处于失意状态时，他就会从政坛转入书斋，奋笔疾书，深刻而系统地阐述他的政治、法律、道德等思想，为后世西方政坛和文坛留下了不朽的思想瑰宝。

《论共和国》是公元前 51 年发表的。那时候恺撒与庞培尚未公开决裂，恺撒在高卢拥兵自重，虎视眈眈；庞培则在尤利娅和克拉苏死后（公元前 54 年和公元前 53 年）与恺撒渐行渐远，被

西塞罗的《论共和国》

小伽图等元老们笼络。而西塞罗既反对恺撒的集权，又在共和派势力中处于失势的尴尬状态，因此闭门撰著，结合自己在公元前 63 年出任罗马执政官期间的政治实践和法律思想，完成了这部堪与柏拉图的《理想国》相媲美的传世之作。在这部小册子里，西塞罗分别论述了君主制、民主制和贵族制这三种不同的政体形式，认为"一种温和而平衡的政府形式比君主（以及民主）更为可取"。他以亚里士多德和波利比乌斯的政治思想为根据，阐释了罗马共和制实际上是综合了三种政制的优点。在这个国家中，一切权力来自人民，所谓"人民"绝不是一个特殊的利益人群，而是在法律和正义的原则下集合起来的人民共同体；而国家的宗旨就在于维护社会的公共利益。

在西塞罗心中，最合适的共和制就是一个多世纪以前（布匿战争结束前）能让罗马元老院与广大人民齐心向善、携手并进的那种政治体制。在这种共和政制中，贵族寡头掌握国家的权力，同时通过制定各种法律来保障人民的基本权益。贵族精英是一个开放的统治集团，将一切成功的社会精英不断地吸收到自己的行列中；而平民阶层也通过法律的渠道与贵族集团相博弈，并以一种不走极端、拒绝暴力的温和方式来保持国家权力与人民权利之间的平衡。这就是西塞罗的那句名言：

"让所有人参与投票，但权力掌握在第一等级手里。"

西塞罗心中的共和国其实只是一种政治理想。英国著名罗马史专家塞姆在《罗马革命》一书中对此评价道："在这样的环境里，优秀的政治家将不会被同事抛弃，不会被手握军队的巨头胁迫，也不会受到保民官的折磨。"然而，这种理想的国度在罗马历史中从来没有真正出现过，不过以往的罗马共和制倒是比较接近于这种政治理想。就此而言，西塞罗的《论共和国》也还是言出有据的。

《论法律》可以看作是《论共和国》的姊妹篇。在这本书中，西塞罗依据斯多葛主义的自然法原则，系统论述他的法律思想，构建了一种自由而不平等的寡头政制。书中三卷分别论述了自然法、宗教法和罗马官制，思想精湛，文字优雅。可以说，《论共和国》和《论法律》代表了拉丁散文的最高修辞境界，堪与希腊雄辩大师伊索克拉底和德谟斯提尼等人的演讲作品相媲美。

《论义务》是西塞罗人生中的最后一部著作，也是他写给自己儿子的一封长信。如果说在《论共和国》中西塞罗论述了共和政体的制度特点，在《论法律》中他阐明了罗马法律的主要内涵，那么在这本书中，西塞罗就解释了道德义务的基本规范。他在柏拉图的"古典四德"——智慧、勇敢、节制和正义——的基础上，阐述了一个罗马公民应尽的责任或义务，特别是阐明了正义乃一切道德的基础这一核心思想，探讨了各种道德义务与利益之间的关系，并且把对公共福祉的追求和对祖国的热爱看作是最重要的道德义务。西塞罗对罗马传统的贵族美德进行了热情洋溢的赞美，讲述了雷古鲁斯、法比乌斯等罗马古典英雄的崇高德行，同时也不点名地针砭了恺撒的贪婪和专权——西塞罗写这封长信时正值恺撒炙手可热，"公开使用攻城锤在撞击共和国"的时候，他写道：

> "没有比贪婪更可憎的罪恶了，尤其是身居要职、掌握国家政权的人贪婪，那更是如此。因为，利用国家牟取私利不仅是不道德的，而且也是有罪的，可耻的。所以，阿波罗在皮托（希腊德尔菲神庙）所降的神谕——'将来斯巴达覆亡非为他故，只缘贪婪'，看来不光是对拉栖第梦人（指斯巴达人）的预言，而且也是对所有富裕民族的预言。所以，对于那些掌管国事的人来说，没有比克己自制更容易赢得民众的好感了。
>
> "希求大量的财富、独断的权力，最后甚至想要使自己成为一个自由国度中的君王。这种热望是最可怕、最令人厌恶的，因为他们为貌似之利所迷惑，只看到物质上的回报，而看不到惩罚——我并不是指他们常常逃避的那种法律上的惩罚，而是指一切惩罚中最严厉的惩罚，即他们自身道德的沦丧。"

西塞罗的论著广泛涉及罗马的政治法律、道德伦理、修辞文法、宗教哲学等领域，著名的作品还有《论荣誉》《论神的本质》《论老年》《论友谊》《论雄辩家》等。除了撰写论著，西塞罗也在罗马法庭和政坛上发表了许多慷慨激昂的演讲，这些演讲词也具有极其强烈的震撼力。例如，他年轻时对西西里总督威勒斯的暴行的揭露，公元前 63 年在挫败喀提林阴谋时的语惊四座的演讲，这场演讲直接导致了喀提林阴谋集团的覆灭。特别是在恺撒被刺之后，西塞罗在罗马元老院一连发表了 14 篇《反腓力论》，篇篇都如同重磅炮弹一般砸向了拥兵弄权的安东尼。在这些檄文中，西塞罗把已故的恺撒和新崛起的屋大维（新的尤利乌斯·恺撒）与安东尼进行了比较。他虽然对恺撒的专权多有指责，却认为恺撒无论是在军功上还是在文采上都是无人可及的；他把屋大维称为心灵高尚的"孩子"，赞誉他"具有神一般的智慧和勇气"；但是他却把安东尼说成一个"淫荡的、厚颜无耻的、女人气的"下贱角色，浑身具有角斗士般的力气，缺乏教养，纵情酒色，在大庭广众下丑态百出。这位罗马执政官不仅曾在牧神节上喝得醉醺醺的，奴颜婢膝地三次向恺撒进献王冠，而且公然与罗马人民为敌：

> "所以在那一天（指安东尼向恺撒进献王冠的那天），他不仅正式抛弃了他的执政官的职务，而且也放弃了他本人的自由。因为，要是恺撒愿意接受这项效忠的礼物，那么安东尼本人肯定马上就成为一名奴隶。所以，我还会认为这个人是执政官吗？这个人是罗马公民吗？这个人是自由的人吗？简言之，这个人还是人吗？

> "元老院的议员们，你们对罗马人民的三支军队遭到覆灭

感到悲伤，杀死他们的就是安东尼；你们为失去最高贵的公民而感到悲痛，夺走他们生命的就是安东尼；我们这个等级的权威被颠覆，推翻它的也是安东尼。总之，这些事情是我们所有人后来都看到的——还有什么罪恶我们没看到？——只要我们能够正确推理，我们就能在安东尼那里找到原因。就好像特洛伊人眼中的海伦，这个人对国家来说就是战争和毁灭的根源。

"'让武器向托加袍投降'（西塞罗名言）。好吧！它们难道没有投降吗？但是后来，托加袍向你的武器投降了。因此我必须问，应当让罪恶的武器向罗马人民的自由投降，还是应当让我们的自由向你的武器投降？然而我不会对这些话作进一步的答复，我只需简要地回答，因为你既不知这些诗句，也根本不懂文学。"

品位高雅的西塞罗对角斗士一般下流的安东尼充满了鄙夷之情，这一点与他对恺撒的欣赏态度截然不同。面对着这些惊涛骇浪般摧枯拉朽的演讲词，粗野无文的安东尼完全没有招架之力，由此也进一步加深了安东尼对西塞罗的宿怨，最终导致了西塞罗命丧黄泉。

西塞罗所开创的这种兼具希腊式优雅和罗马式凝重的散文风格，对于当时的罗马文坛以及后世的西方文学都产生了巨大的影响，他也因此而赢得了"拉丁散文泰斗"的美誉。

恺撒的清新文风

在共和国末期，罗马殷富家庭的子弟从小往往要到希腊去接受文化教育，或者聘请有学问的希腊人来做家庭教师，因此，当时上流社会的罗马人都具有良好的希腊文化教养。恺撒在年轻时就曾到希腊求学，师从著名的希腊雄辩家阿波罗尼乌斯等人。加之恺撒天资聪颖，勤勉好学，他很快就将希腊的修辞学运用自如，其文章著述也如同他本人的政治生涯一样，在罗马文坛上声名鹊起，得到了大文豪西塞罗的慧眼相识。虽然西塞罗与恺撒在政见上多有龃龉，一个竭力维护传统的共和体制，一个则试图颠覆旧制而另创新政；但是二人在文学上却是惺惺相惜，彼此欣赏。每当恺撒写出自鸣得意的文章，他都会首先送给西塞罗讨教；西塞罗也时常会把自己的作品交给恺撒指点，二人相互引为知音。恺撒始终仰慕西塞罗的雄文雅韵，将年长他六岁的西塞罗尊为师者；西塞罗也对恺撒的作品称赞备至，尤其赞赏其掩映在清新文风中的高雅品性。西塞罗曾经这样评价恺撒的文风：

"恺撒的文章，无论是口述还是笔著，都秉承了其一贯的特征：品格高尚，灿烂光明，壮丽高贵，充满理性。"

恺撒在罗马政坛的扶摇直上，除了得益于他的政治谋略和军事天才之外，雄辩的口才和清雅的文风也是其中的重要因素之一。透过恺撒在政坛上的表现，可以看出他所具有的人格特点。恺撒一向为人慷慨豪爽，胸襟博大，既不滥杀无辜，亦无防人之心。恺撒虽然与元老派的政治斗争颇为激烈，但他却从来没有像苏拉、马略以及后来的安东尼、屋大维那样搞过公敌宣告；对于政敌（如庞培）的旧部也一概既往不咎，予以重用，最后竟至殒命于此。由此可见，恺撒在私德方面堪称正人君子（至于他的风流韵事，在当时的罗马社会中根本算不上什么道德问题）。尽管恺撒在政治上存有野心，那也是鉴于罗马共和国岌岌可危的现实状况。他试图采取一种休克疗法来为纷乱不已的国家另辟蹊径，即通过个人集权的方式来终结贵族与平民之间无法调解的政治冲突。从人品上看，壮志未酬的恺撒要比大功告成的屋大维更加高洁纯粹，更具备一些希腊式的雅致情调。而恺撒的撰著也文如其人，于简洁明快、清雅平实的文风中展露出光明磊落、浩然坦荡的人格特征。

恺撒在出任高卢总督的九年期间，在率领罗马军团南征北战的征旅中，写下了一部传世之作《高卢战记》，这部著作主要记载了恺撒率兵征服高卢全境以及与高卢各部落激烈鏖战的具体情况。《高卢战记》典型地表现了一种单刀直入、清晰明快的军人风格，文字通达流畅，内容简洁扼要，在罗马文坛上开创了一种与西塞罗的雄浑奔放气势迥然不同的清新朴实文风。

《高卢战记》以第三人称的叙述方式展开，对所述内容均采

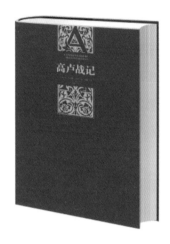

恺撒的《高卢战记》

取突出主旨、减少枝蔓和繁缛修饰的叙事风格，给人留下了生动明晰的印象。例如，《高卢战记》开篇处向罗马人介绍了他们甚为陌生的山外高卢（即阿尔卑斯山以北的高卢）的族群分布情况，恺撒非常简洁明了地写道：

"高卢全境分为三部分，其中一部分住着比尔及人，另一部分住着阿奎丹尼人，而那些用他们自己的话来说叫克勒特人（即凯尔特人）、我们称之为高卢人的，住在第三部分。所有这些人，彼此之间的语言、习俗和法律，各不相同。高卢人跟阿奎丹尼人接界的这一边，由加隆纳河（即加龙河）分隔着，跟比尔及人接界的这一边，由马特隆纳河（即马恩河）和塞广纳河（即塞纳河）分隔着。所有这些人中，最勇悍的是比尔及人，因为他们离开行省的文明和教化最远，并且也是商贩们往来最少、那些使人萎靡不振的东西输入也最少的地方；再则还因为他们离开住在莱茵河对岸的日耳曼人最近，在跟他们不断作战的缘故。"

通过这段简明扼要的文字，读者可以清楚了解到广阔的山外高卢全境分布的三个不同族群的地理位置和民族习性，而他们的勇悍凶蛮程度则与他们和罗马行省——指罗马人控制的纳尔榜高卢行省即今普罗旺斯地区——的远近距离及其所受到的文明教化和奢靡风气的影响程度直接相关。寥寥数语，既介绍了高卢各族群的大致分布情况，又揭示了文明与野蛮之间的浸润关系，并且表达了对文明滋长的萎靡之风的含蓄批评。

在《高卢战记》卷八第 51 节中，恺撒以客观冷静的语言描述了他胜利归来时所受到的热烈欢迎：

"所有的自治市和殖民地都以难于想象的荣誉和热爱来欢迎恺撒，因为这是他对全高卢联合作战取得胜利之后第一次到来。一切可以用来装饰城门、道路和恺撒经过的每一个地方的手段，都尽量用上了。所有的人都带着孩子跑来欢迎他，到处都献奉牺牲，市场上和神庙中也无处不陈设着祭席，似乎在提前举行一次渴望了很久很久的凯旋庆祝似的。有钱人的豪奢和穷人的热情都表现得淋漓尽致。"

　　这段文字首先如实描述了意大利北部各地人们热烈欢迎恺撒的盛大场面，城市张灯结彩，街道万人空巷；接着又含蓄地表达了恺撒心中的一个光荣梦想——举行罗马人最向往的凯旋式。当年恺撒卸任西班牙总督返回罗马时，就曾经为了竞选执政官的政治抱负而忍痛放弃了举行凯旋式的机会，一转眼好几年过去，高卢的战功使得他重新有望实现夙愿，然而他又将面临与元老派及庞培的彻底决裂。这段文字中的最后一句话则画龙点睛地表明了恺撒在富人和穷人中都受到了同等的敬爱，从而暗示自己超越了贵族与平民之间的对立和冲突。这段文字没有西塞罗式的夸张表达和华丽辞藻（西塞罗从希腊避难回到罗马后，曾得意忘形地在元老院的演讲中炫耀，"是整个意大利人民用肩膀为轿辇把他抬回了罗马"），却轻描淡写地展现了恺撒的功勋之高和民望之盛。由此可见恺撒清雅简洁的文风：叙事直击主题，不赘繁俗，如同其行军打仗的作风一般，以简制繁，单刀直入。

　　恺撒与西塞罗是同时代罗马政坛上的活跃人物，但是两个人的政治立场和行为作风却全然不同，这种差异也同样反映在他们的文风上面。西塞罗胸怀共和理想，极力想要拯救岌岌可危的共和国，心中充满了忧国忧民的崇高情怀；再加上学富五车、才高八斗，更兼为大律师出身，雄辩滔滔，因此所撰文章也如同其政坛辩论和法庭争讼一般，充满了雷霆万钧、席卷千军的磅礴之势。虽然他不像小伽图那样刚烈耿直、以身殉道，而是在行为上表现出一种圆滑世故的特点，但是其心中却始终激荡着澎湃的理想精神。正因为如此，西塞罗的文风宛如山风呼啸、海浪翻涌，其雄浑气势和瑰丽文辞令人热血沸腾，心悦诚服。故而时人称，"西塞罗的一张嘴抵得上十万雄兵！"而恺撒却在无声无息地施展着解构共和、另起炉灶的政治抱负，一步一个脚印地走向权力的巅峰。其性格深沉稳健，慎思笃行，讲求实际，不尚张扬。恺撒的文风也恰如其人，显得平实无华、简洁明快，犹如波澜不兴的深潭、沉静兀立的山峰，透露出一股沁人肺腑的清新气息，令人赏心悦目。总之，西塞罗的文章如同电闪雷鸣雄奇瑰丽，恺撒的文章则如同春风化雨润物无声。二者虽然同为共和国末期罗马文坛上的翘楚，并且彼此推重、酬唱甚欢，但是其性情、文风却相去甚远，迥然相异。

除了西塞罗和恺撒，共和国末期的另一位拉丁大文豪就是学识渊博、著作等身的马可·特伦提乌斯·瓦罗（Marcus Terentius Varro，公元前 116 年—公元前 27 年）。瓦罗曾出任过罗马保民官、执政官等要职，在政治上长期追随庞培，深得后者信任，代其掌管西班牙的军政大权。恺撒击败西班牙的庞培党后，敬仰瓦罗的学问，对其既往不咎，并委之以筹建罗马首座国家图书馆的重任。恺撒被刺后，瓦罗被安东尼剥夺了公民权并予以放逐，从此潜心从事学术研究,撰写了大量著作。直到公元前 30 年内战结束,瓦罗才重获自由,一直到死都专心致学,不问政事。瓦罗素以博学而著称,其撰著涵盖了法律、政治、历史、地理、文法、修辞、农学、数学以及诗歌等诸多领域,著作多达 600 多种。可惜至今除了有关农学、拉丁文法和讽刺集等区区几部著作外,他的其他作品均已散失无存。

罗马第一诗人维吉尔和《埃涅阿斯纪》

到了屋大维所开创的长期和平时期,罗马政治安定、经济繁荣,文学领域也迎来了一个"黄金时代",涌现出维吉尔、贺拉斯、奥维德三位文学巨擘。此外,这一时期还产生了著名的古典修辞史家李维。这些文坛精英大多与屋大维相交甚笃,维吉尔和贺拉斯堪称屋大维的御用诗人,对其极尽讴歌赞美;李维则深受屋大维的欣赏,被其聘为皇室后裔克劳狄乌斯的教师。唯有奥维德年纪较轻,其作品中表现出强烈的怀疑倾向和批判精神,对屋大维推崇的传统宗教和道德思想构成了挑战,因此他不为皇帝所喜。

虽然屋大维不及恺撒那样品位高雅,但是从小在恺撒家中长大的屋大维仍然具有良好的文化教养。尤其是当他统一了罗马之后,国家日益走上和平强盛之道,文化建设的问题自然也被提上了日程。屋大维在大兴土木创建"大理石的罗马"的同时，也要重建罗马传统的宗教信仰和道德规范，同时需要一批文人墨客对自己的政治业绩进行歌功颂德。这种现实需求促成了维吉尔等杰出诗人应运而生。这种情况就如同后来"五贤帝"时代的太平盛世，也涌现出一批优秀的作家如塔西佗、普鲁塔克、小普林尼等人一样，这些生逢其时的文人学者在文学、史学等方面都卓有建树。

屋大维有两位肱股之臣，二者一武一文：武将是阿格里帕，为屋大维战胜安东尼、统一罗马立下了汗马功劳；文臣则是梅塞纳斯，他主要负责为屋大维处理内政、外交事务。梅塞纳斯和阿格里帕从青年时代就开始追随屋大维，三个人年龄相仿，私交甚好。与阿格里帕驰骋疆场、杀敌建功的特点不同，梅塞纳斯富有文学敏感性，广纳天下贤士，在其麾下形成了一个文学团体，汇集了一批杰出的诗人和学者，其中就包括维吉尔和贺拉斯。

维吉尔（Vergilius，公元前 70 年—公元前 19 年）是奥古斯都最推崇的大诗人。他早年创作了很多描写农事的抒情诗，例如《牧歌》《田园诗》等，这些抒情诗立足于罗马文化土壤，具有浓郁的乡土气息。但是维吉尔最重要的成名作则是史诗《埃涅阿斯纪》，埃涅阿斯之所以被罗马人确定无疑地认作始祖，主要应归功于维吉尔的《埃涅阿斯纪》。正如同中国人把黄帝认作自己的人文始祖，主要应归功于司马迁的《史记》一样。从西方文学史的角度看，《埃涅阿斯纪》在罗马文坛上的地位，就像荷马史

罗马第一诗人维吉尔

诗《伊利亚特》和《奥德修纪》在希腊文坛上的地位一样，它是后人无法超越的典范。当然，相比而言，维吉尔的这部史诗明显深受荷马史诗的影响。《埃涅阿斯纪》的前半部分情节更多模仿了《奥德修纪》中的海外漂泊故事，讲述了埃涅阿斯漂洋过海，历经千辛万苦，最终来到意大利拉丁平原；后半部分的灵感则显然来源于《伊利亚特》，讲述了埃涅阿斯与拉丁英雄图尔努斯战斗，并最终打败图尔努斯，在拉丁平原开创基业的故事，其情节与《伊利亚特》中阿喀琉斯与赫克托耳之战颇为相似。可以说，《埃涅阿斯纪》实际上是把荷马两部史诗的情节在罗马的故事背景下连缀在一起。

《埃涅阿斯纪》讲述了大英雄埃涅阿斯如何在特洛伊战争以后逃离家园，漂洋过海，经历了许多艰难坎坷，也发生了一段浪漫的插曲，最终在神灵的召唤之下来到拉丁平原建立基业的故事。与荷马史诗一味渲染虚幻的神话传奇不同，《埃涅阿斯纪》充满了现实的爱国精神和民族情感，对罗马历史中的一些英雄人物——从埃涅阿斯一直到恺撒和屋大维——进行了歌功颂德。

史诗热情赞美了罗马人的质朴、勇敢、虔诚、严肃以及坚韧不拔等基本品性，借埃涅阿斯的英雄业绩和神的预言映衬出一千年后屋大维的丰功伟绩。

虽然维吉尔的这种以古衬今的春秋笔法可能有些逢迎溢美之嫌，但是《埃涅阿斯纪》中却包含着非常深刻的命运思想和感人至深的英雄情怀，烘托了一种博大精深的神召感和宿命论，同时又流露出几分忧郁伤感、催人泪下的英雄柔情。一位漂泊无定的末路英雄，在神意的指引下历尽艰辛，在距离家园千里之遥的异国他乡开创了千秋万代的辉煌基业。然而除神圣使命和英雄宏图外，《埃涅阿斯纪》仍难免有一些儿女情长、令人扼腕的浪漫情调。《埃涅阿斯纪》和《伊利亚特》一样，既有轰轰烈烈的英雄鏖战，也有催人泪下的缱绻柔情。无论是《伊利亚特》中特洛伊大英雄赫克托耳激战之前与妻子安德洛马克的依依惜别，还是《埃涅阿斯纪》中主人公受命运鞭策对狄多女王的忍痛割爱，都表现了一种英雄有情亦有泪的感人场景，同时也体现了关于人生意义的深切反思。中国著名的西方文学研究大师杨周翰先生在其所翻译的《埃涅阿斯纪》的序言中写道：

"他歌颂坚韧不拔的精神、责任感、虔敬、信神；他歌颂和平，以及和平带来的幸福，歌颂给他带来幸福的屋大维；他歌颂田园生活，陶醉在大自然中；他歌颂普遍的仁爱。但在这些背后——而且也是历来给读者印象最深刻的，成为维吉风格特色的，使他成为所谓'Lacrimae rerum'（万事都堪落泪）的诗人的东西——却隐藏着一种无限忧郁的情绪，悲天悯人、怀疑以至宿命论的情绪。为了罗马创业，流浪、失去亲人、战争、死亡种种牺牲，即所谓的'英雄行为'值得吗？《埃涅阿斯纪》中这种贯彻始终的情绪正是诗人对他生活的历史时代的感受的反映。"

《埃涅阿斯纪》对于罗马文明史的另一个重要意义，就是引出了尤利乌斯家族的血胤传统，把屋大维与罗马人的始祖埃涅阿斯及其长子阿斯卡尼乌斯联系起来，从而为屋大维的丰功伟绩和现实统治提供了一种神圣的历史根据。

维吉尔在《埃涅阿斯纪》的开篇处以评论者的身份讲述了如下这段话：

> "我要说的是战争和一个人的故事。这个人被命运驱赶，第一个离开特洛伊的海岸，来到了意大利拉维尼乌姆之滨。因为天神不容他，残忍的朱诺不忘前仇，使他一路上无论陆路水路历尽了颠簸。他还必须经受战争的痛苦，才能建立城邦，把故国的神祇安放在拉丁姆，从此才有拉丁族、阿尔巴的君王和罗马巍峨的城墙。"

埃涅阿斯是希腊神话传说中的人物，在荷马的《伊利亚特》中就曾经出场，与特洛伊众位英雄并肩抵抗希腊人的入侵。在这场由于金苹果之争而引发的战争中，朱诺（赫拉）和密涅瓦（雅典娜）等神灵是站在希腊人一边的，对美神维纳斯（阿佛洛狄忒）所支持的特洛伊人充满了仇恨。埃涅阿斯是维纳斯的儿子，在战后逃离家园的过程中仍然遭到怀恨在心的朱诺的不断迫害。维纳斯心疼自己的儿子，只能到天神父亲朱庇特那里去寻找帮助。朱庇特向心爱的女儿透露了"命运之书"中的秘密：受尽苦难的埃涅阿斯将要承担一个光荣的使命，到意大利去建立帝王基业。这基业将从埃涅阿斯在拉丁平原上建立城池开始，经过其子阿斯卡尼乌斯迁都阿尔巴·隆加；再到三百年后王族出身的维斯塔女祭司西尔维娅与战神马尔斯生下一对孪生子，孪生子吃狼奶长大后创建罗马城，将埃涅阿斯家族的基业发扬光大；此后又经历了阳光普照和风雨晦冥的七百年，"命运之书"才最终揭开了神秘的面纱，露出了历史的真面目：

> "从这光辉的特洛伊族系将会产生一个恺撒（指屋大维），他的权力将远届寰宇之涯，他的令名将高达云天，而他的本名尤利乌斯则是从伟大的尤路斯派生而来的，有朝一日你将无忧无虑地把他接进天庭，满载着东征的胜利品；人们有所祈求的时候也将呼唤他的名字。那时，战争将熄灭，动乱的时代将趋于平和；白发苍苍的'信义'女神，守护家庭的维斯塔女神，罗慕路斯和他的孪生兄弟雷慕斯将制定法律；战神的可怕的大门（指雅努斯神庙）将关闭，用精巧的铁栓箍紧。"

埃涅阿斯所遭遇的一切坎坷艰辛，均是命运所注定，包括他与狄多女王的浪漫爱情，与图尔努斯的激烈鏖战，以及从火神伏尔甘为埃涅阿斯打造的盾牌上所显示出来的千年之后屋大维与安东尼的阿克兴海战等。诚如杨周翰先生在译序中所指出的，维吉尔在书中刻画的不是个人英雄而是民族英雄，他将英雄业绩与民族责任感和神圣使命感水乳交融地结合在一起。更重要的是，维吉尔笔下展现的不再是荷马史诗中的那些一味争强斗狠、勇武凶悍的希腊英雄，而是心怀神圣使命勇往直前同时又富有悲悯胸怀和忧郁情感，甚至疑虑精神的罗马英雄。这里面也表现了维吉尔在战乱终结、和平开启时代的政治理想——罗马人正在奥古斯都治下实现着从征服世界向治理世界、从征讨杀伐的战士向"万事都堪落泪"的诗人的转化。

有一次维吉尔向屋大维的家人朗诵《埃涅阿斯纪》，念到第六卷诗文时，说到埃涅阿斯在阴曹地府遇见了已故的父亲安奇塞斯（与《奥德修纪》中奥德修游历地狱的故事相类似），父亲指引他看见了后来从阿尔巴诸王、罗慕路斯兄弟一直到奥古斯都的罗马诸英雄的故事，也看到了屋大维的外甥马塞卢斯："看，那边走来的是马塞卢斯，他佩戴着大奖，何等威武，作为胜利者他无异是鹤立鸡群。"据说当维吉尔朗诵到这段诗文时，屋大维的姐姐屋大维娅当场晕厥过去，因为她想起了英年早逝的儿子马塞卢斯。18世纪法国历史画家让－约瑟夫·泰拉森

维吉尔向屋大维姐弟朗诵《埃涅阿斯纪》

（Jean - Joseph Taillasson，1745—1809 年）在其油画中表现了这个精彩的场面。

《埃涅阿斯纪》气势浩大，场面恢宏，兼之文辞优美，堪称罗马时代最著名的文学典范。此书与荷马的两部史诗、中世纪但丁的《神曲》以及 17 世纪英国大诗人弥尔顿的《失乐园》一起，并称为西方"四大史诗"，维吉尔也因此被后世誉为"罗马第一诗人"。

田园诗人贺拉斯

　　维吉尔、贺拉斯和奥维德是罗马文学"黄金时代"最伟大的三位诗人。昆图斯·贺拉斯·弗拉库斯（Quintus Horatius Flaccus，公元前 65 年—公元前 8 年）是一位田园诗人，他的作品主要是颂歌和抒情诗，篇幅短小，文字优美，以抒发主观情感为主，而不像维吉尔的史诗那样以叙述客观事件为主。贺拉斯最主要的诗作就是《颂诗集》4 卷，这里面充满了对美丽田园的讴歌和对太平盛世的赞誉。贺拉斯在政治上原本属于共和派，公元前 42 年腓力比战役后，心灰意冷的贺拉斯脱离政治，赋闲在家，后经维吉尔介绍，加入了梅塞纳斯的文学团体，因其卓越的诗才而为屋大维赏识。公元前 17 年屋大维举行盛世大典时，主祭仪式所使用的大颂诗就是由贺拉斯所写。屋大维通过梅塞纳斯赠送给贺拉斯一座舒适的大庄园，贺拉斯也对屋大维感恩戴德，极尽溢美之词，写了许多赞颂诗歌，实际上成为屋大维的宫廷诗人。但是就诗歌创作而言，贺拉斯确实卓有才华，所写的颂歌和抒情

桂冠诗人贺拉斯

诗格调高雅，文采飞扬，讴歌自然、赞美人生，表现了太平盛世中乐天知命、怡然自得的生活情趣。

　　贺拉斯的抒情诗有许多都是直接歌颂屋大维及其所开创的太平盛世，对于其所在的罗马文学团体领导人梅塞纳斯也大加赞扬，此外他也有大量赞美自然风光、爱情友谊、宴饮娱乐的诗歌，以及他与其他诗人（如维吉尔等）之间的酬唱诗文。此处引几首如下：

致屋大维

"蒙神赐福的人啊，罗慕路斯子裔

最杰出的守卫者，你已太久不在罗马，

你曾向神圣的元老院承诺，你会迅疾

返回，我们盼你回家。

请把光还给你的祖国，仁慈的统帅，

因为你的面容如同春天，在哪里

向民众闪耀，哪里的日子就更愉快，

太阳的旭辉就更明丽。

······

'仁慈的统帅，愿你将长久的节庆赐给意大利！'

这是我们早晨清醒时的祷词，

也是我们喝醉时的祷词，当太阳的余晖

已经沉入大洋之底。"

致梅塞纳斯

"梅塞纳斯啊，你，王族的贵胄，

我的坚盾，甜美荣誉的源头：

有人痴迷于奥林匹亚的尘雾

随赛车翻卷，闪电般的轮轴

掠过标锥，手握光荣的棕榈，

恍惚间与主宰世界的神交游；

有人宁可让无常的罗马庸众

簇拥着沿权力之阶步步高升；

……

我，却因博学额头上荣耀的

常青藤而置身天界。树林清凉，

水泽仙女和山神的轻盈歌舞

分开了我和众人，既然笛音

欧忒耳佩 ① 不禁止，圣歌之主

也愿意弹奏莱斯博斯 ② 的里拉琴。

但你若给我抒情诗人的冠冕，

我高昂的头将闪烁群星之间。"

---

① 欧忒耳佩（Euterpe）是希腊神话中司掌抒情诗的缪斯女神。

② 莱斯博斯（Lesbos）是靠近土耳其的希腊岛屿，是希腊著名女抒情诗人萨福（Sappho，约公元前 630 年—公元前 560 年）的故乡。

致维吉尔

"春天的同伴，色雷斯的风已经吹来，

　　它让大海恢复平静，将船帆催动，

　　原野不再被寒霜凝住，江河不再

　　　　浮满冬雪，在喧响中奔涌。

　　　　　　……

鲜绿悦目的草地上，守护肥羊的牧人

用芦笛吹奏着自己的旋律，喜欢牲畜、

　　喜欢阿卡迪亚幽暗山岭的潘神

　　　　听到了，心中也漾起欢愉。

季节带来了渴的感觉，如果你期盼

喝到在卡莱斯酿造的葡萄酒，那么

维吉尔啊，你就必须拿香膏来交换，

　　　你这年轻贵族的门客。"

致班度西亚之泉

"班度西亚的泉水，你比玻璃更明亮，

配得上甜美的纯酒，也该有花的芬芳，

明日我赠你山羊做礼物，

它的额头新近才长出

一对弯角，准备尝试爱欲和战争。

但没有机会：因为放纵不羁的物种

繁育的这只幼崽将用血

染红你这冷冽的水波。

燃烧的小犬星主宰的严酷夏日，你不受

丝毫侵扰，卸下犁铧的疲惫耕牛

和游荡的羊群来到你这里，

立刻感受到清爽的凉意。

你也将跻身世上的名泉之列，因为

我曾经吟唱这棵栎树，你的流水

从它下面的岩石空穴

潺潺流出，向下奔跃。"

贺拉斯的诗歌格调高雅，韵律优美，意境清悠，表现了对自然和家园的热爱之情，达到了很高的艺术境界。诚如诵诗如蜜的品达（Pindaros，公元前 522 年—公元前 442 年）被誉为希腊的"国民诗人"一样，贺拉斯也因其优美的抒情诗而成为罗马无可争议的桂冠诗人，为罗马诗坛树立了永恒的典范。

除抒情诗之外，贺拉斯还写了一部古罗马最重要的文艺理论杰作——《诗艺》，对诗和戏剧涉及的艺术形象、人物性格、内容题材的基本规范以及文艺的功能等问题进行了深入的探讨，提出艺术作品要贴近真实、切合众望和符合艺术规则，并且创立了"寓教于乐"的文艺思想，力图把希腊的美、善理念落实到罗马的政治、经济和道德环境中。这部《诗艺》上承亚里士多德的《诗学》，下启文艺复兴和古典主义的文艺理论，构成了西方文论或美学史上的一个重要里程碑。

讽刺诗人奥维德

罗马文学"黄金时代"的第三大诗人是奥维德（Ovidius，公元前 43 年—公元 17 年），这位诗人以擅长写讽刺诗而著称。奥维德属于比维吉尔、贺拉斯更年轻的诗人，以狂放荒诞的文学风格而与维吉尔、贺拉斯的崇高典雅风格形成了鲜明对照。他有点像雅典城邦时代的第三大悲剧家欧里庇得斯一样，在作品中表现出强烈的愤世嫉俗情绪和怀疑批判精神；也像雅典"喜剧之父"阿里斯多芬一样，其作品充满了睿智的嘲讽调侃。奥维德的著作《情诗集》和《爱的艺术》均以公然赞扬情爱享乐、突破传统道德藩篱和申诉妇女不平境遇为特点。这种享乐主义和怀疑主义的倾向是与奥古斯都大力推崇的传统宗教信仰和道德精神背道而驰的，因而招致了年老而保守的奥古斯都的极大反感。再加上奥维德自身行为不检点，早先加入屋大维之女尤利娅的文人圈中，纵情酒色，放浪形骸；后来又与尤利娅之女小尤利娅（屋大维的外孙女）的淫乱事件多有牵连，因此在公元 8 年被愤怒的奥古斯都流放到寒冷荒凉的黑海之滨小城托弥，最后在那里终老而殁。由此看来，由于价值观和人生观方面的差异，奥维德与前两位罗马诗人的命运可谓是天壤之别！

奥维德的代表作就是他晚年创作的《变形记》，该书以幽默荒诞的笔法描写了数百个希腊罗马神话人物的传奇故事，涵盖了从开天辟地、人类创造、大洪水一直到埃涅阿斯流亡和罗马城建立等内容，最后落脚于奥古斯都的丰功伟绩。如果说维吉尔的《埃涅阿斯纪》奠定了埃涅阿斯作为罗马人始祖的历史根据，那么奥维德的《变形记》就最终确立了希腊罗马诸神在人们心中的普遍印象。正因为如此，《变形记》也和《埃涅阿斯纪》一样，成为留名千古的西方古典文学名著。

讽刺诗人奥维德

　　西方文坛上有两部《变形记》，一部是古罗马诗人奥维德的《变形记》，另一部则是 20 世纪奥地利作家卡夫卡的《变形记》。二者虽然同名，但是所述内容完全不同，奥维德讲述了希腊罗马诸神和英雄的来龙去脉，卡夫卡则讲述了一个人（推销员格里高尔）变成一只大甲虫的故事。然而二者却有一个共同的特点，那就是都以讽刺调侃的笔触表现了一种荒诞的生存态度。

在《变形记》中，奥维德用非常诙谐的口吻讲述了希腊罗马神祇和英雄的爱情故事、奇闻逸事以及变形过程，包括许多后世耳熟能详的神话，例如黄金、白银、青铜、黑铁四大时代和大洪水的故事，朱庇特对伊俄、欧罗巴等美女的诱惑，法厄同驾驭日神喷火神车、代达罗斯为其子制造翅膀而导致的悲剧，达芙妮化身月桂树、阿多尼斯化身风神之花的变形过程，赫拉克勒斯与马人的恩仇宿怨，特洛伊战争与阿喀琉斯之死，皮格马里翁的雕像和美杜莎的蛇发，以及一些英雄与美女——刻宇克斯和阿尔库俄涅、俄耳甫斯（即奥尔弗斯）和欧律狄刻等——之间的浪漫爱情。从第十四章开始，奥维德把笔锋转向了罗马人始祖埃涅阿斯海上漂泊、埃涅阿斯与狄多女王的爱情插曲，以及埃涅阿斯来到意大利建立基业并传承血胤的历史。在最后一章即第十五章中，奥维德引出了恺撒与庞培的法尔萨卢之战、屋大维与布鲁图斯的腓力比之战，屋大维对埃及的征服并最终完成了罗马统一，"大地上只要有人住的地方，甚至海洋，都将归他统治"。

奥维德在哲学上奉行希腊毕达哥拉斯主义和罗马哲学家卢克莱修的"变易"思想，站在人性的立场上，对神话人物的变形过程进行了轻松诙谐的描述。奥维德将诸神从崇高的天国拉回到平凡的人间，《变形计》中丝毫没有庄严肃穆的敬神感，而是充

满了调侃、讽刺的色彩，既生动鲜活地展现了诸神的众生相，又
入木三分地揭露了诸神的道德瑕疵，如淫乱、暴戾、愚蠢、狭隘
等。正是这种嬉笑怒骂的谐谑笔法令具有古典情怀的奥古斯都颇
为不悦，尽管《变形记》在结尾处也对奥古斯都的丰功伟绩进
行了略带媚态的溢美讴歌，但是这仍然不能使奥维德改变被流放
的悲惨命运。

在《变形记》的末尾处，奥维德这样说道：

> "我的作品完成了。任凭朱庇特的怒气，任凭刀、火，任
> 凭时光的蚕食，都不能毁灭我的作品。时光只能销毁我的肉身，
> 死期愿意来就请它来吧，来终结我这飘摇的寿命。但是我的精
> 粹部分却是不朽的，它将与日月同寿；我的声名也将永不磨灭。
> 罗马的势力征服到哪里，我的作品就会在那里被人们诵读。如
> 果诗人的预言不爽，我的声名必将千载流传。"

奥维德遭流放后，曾经多次向奥古斯都写信表示忏悔，希望
能够得到后者的宽恕，但是铁石心肠的奥古斯都至死都没有原谅
他。公元 14 年，屋大维以 76 岁高龄寿终正寝，此后不久，被放
逐到荒岛上的女儿尤利娅就由于无人照料冻馁而亡；3 年后，奥
维德也在流放地郁郁而终。但是诚如《变形记》中最后一句诗文
所言，诗人的声名已流芳千古。

从"黄金时代"到"白银时代"

奥古斯都时代除了三大诗人之外，另一位蜚声文坛的散文大家就是李维。提图斯·李维（Titus Livius，公元前 59 年—公元 17 年）是罗马时代最伟大的史学家，他的巨著《建城以来的罗马史》（共 142 卷，现存 35 卷）堪称罗马史学的典范。李维虽然与屋大维交往甚密，并深受后者的器重被聘为皇孙之师，但是他心中却始终保持着深厚的共和情结，对共和国时期的传统美德和英雄业绩充满了缅怀向往。在那部佚失大半的历史名著中，李维以恢宏的视野、崇高的情怀和优美的文笔记载了罗马自建城以来数百年的发展历程，展现了罗慕路斯、卡米卢斯、西庇阿等大量罗马英雄的可歌可泣的功勋伟业，表现了炽烈的爱国情感和高尚的价值取向。李维的文风富于修辞，高洁优雅，注重阐发历史人物的美德秉性和英雄气概，寓道德说教于历史叙述之中，强调史学陶冶人心的教化功能。但他却由于过分执着于史学的道德致用意义而有失于史料的客观真实性，这不可谓不是李维撰史的一大缺憾。

继李维之后，特别是到了"五贤帝"时代，罗马文坛上又出现了塔西佗、普鲁塔克、小普林尼、阿庇安等著名作家，他们在史学和文学方面均有所建树。历史上通常将这一时期称为罗马文学的"白银时代"。普布利乌斯·科尔内利乌斯·塔西佗

（Publius Cornelius Tacitus，公元 56 年—公元 120 年）最主要的著作是《历史》和《编年史》，这两部史学著作以严肃的文风和翔实的史料记载了从奥古斯都之死到弗拉维王朝的半个多世纪的罗马社会发展历程，成为后世史学界研究公元 1 世纪罗马历史的最珍贵的资料。塔西佗的文笔简洁典雅，他擅长刻画人物个性，在注重史实的同时，亦不乏道德情怀，于书中深刻揭露了尼禄、图密善等罗马暴君的凶残荒诞行径，表达了对专制的愤慨和对共和的向往。后人通常把塔西佗与西塞罗、李维并称为"拉丁散文三大家"。

凡是了解罗马史的人，一定都阅读过普鲁塔克的《希腊罗马名人传》，这部著作通过对比的方式，撰述了希腊和罗马的数十位杰出人物的传记历史。普鲁塔克（Plutarchus，约公元 46 年—公元 120 年）出身于希腊，受过很好的古典学术教养，晚年移居罗马，与文坛名宿多有交往，并得到图拉真、哈德良等皇帝的赏识。普鲁塔克的《希腊罗马名人传》按照以类相从的原则，一对一地撰写了 23 对希腊名人和罗马名人的合传历史（如"创基开国者"忒修斯和罗慕路斯，"暴虐统治者"赖山德和苏拉，"继往开来者"亚历山大和恺撒等），以及 4 篇帝王本纪。这种相映成趣的撰史方式不仅形式新颖，而且读起来妙趣横生。普鲁塔克尤其擅长描述历史人物的心理过程和个性特征，从而将那些希腊罗马的历史人物栩栩如生地展现在读者面前。他坦陈自己并非在书写历史，而是在撰写传记。在关于亚历山大的传记中，普鲁塔克非常风趣地写道："我们从那些最为冠冕堂皇的事功之中，并不一定能够极其清晰地看出人们的美德或恶行。有时候一件微不足道的琐事，仅是一种表情或一句笑谈，比起最著名的围攻、最伟大的军备和最惨烈的战争，使我们更能深入了解一个人的风格和习性。如同一位人像画家进行细部的绘制，特别要捕捉最能表现性格的面容和眼神，对于身体其他的部位无须刻意讲求。因之要请各位容许我就人们在心理的迹象和灵魂的征兆方面多予着墨，用来追忆他们的平生，把光荣的政绩和彪炳的战功留给其他作家去撰写。"

　　对于后世来说，普鲁塔克的名人传在刻画古典英雄人物形象、传播希腊罗马历史知识方面所发挥的作用，可能要比任何所谓正史都要更加深入人心。据说，法国杰出的新古典主义大师雅克－路易·大卫——他创作了《苏格拉底之死》《李奥尼达在温泉关》《劫掠萨宾妇女》《贺拉斯三兄弟》《拿破仑加冕》《马拉之死》等大量经典名画——喜欢对他的学生们说："如果你缺乏灵感，不妨去翻翻普鲁塔克！"

罗马文学"白银时代"的著名文学家还有小普林尼。他的书信集条理清晰，文笔优美，他曾在与塔西佗的通信中生动地讲述了少年时代亲身经历的维苏威火山喷发情景，也在与皇帝图拉真的信件往来中讨论了一些重要的国家政策（例如对于基督徒的迫害政策）。"五贤帝"时期的另一位著名历史学家就是阿庇安（Appianus，约公元 95 年—公元 165 年）。他的巨著《罗马史》记载了从王政时期一直到图拉真时代的罗马内政和对外扩张历程，内容浩繁，脉络分明，至今虽已散失大半，但是保留下来的内容仍然是研究罗马史（尤其是罗马内战史）的重要资料。与李维擅长修辞和偏重道德教化的撰史风格不同，阿庇安更注重资料汇纂和客观陈述，其文字洗练却文采稍逊，更具有罗马（而非希腊）的传统表达风格。

共和国末期以及罗马文学的"黄金时代""白银时代"，还产生了一批小有名气的哲学家，如《物性论》的作者提图斯·卢克莱修·伽鲁斯（Titus Lucretius Carus，约公元前 99 年—公元前 55 年）、罗马大臣塞涅卡、获释奴隶爱比克泰德、皇帝马可·奥勒留等。他们或者传承和发扬了希腊德谟克利特、伊壁鸠鲁等人的原子论，或者给希腊的斯多葛主义赋予了更加阴郁悲观的色彩，但是并没有开创出独具一格的罗马哲学理论，而是更多带有一种邯郸学步的外在性特点。从某种意义上可以说，罗马人是一个缺乏哲学思辨禀赋的民族，即便是使出浑身解数来模仿希腊文化，在最抽象的哲学形态方面仍然是不足为道的。

到了"五贤帝"时代以后的塞维鲁王朝和罗马内乱时期，罗马文学的熠熠之光也开始逐渐黯淡。在国家兵荒马乱、民不聊生的情况下，文学艺术当然难以获得能让自身茁壮成长的良好土壤，走向凋敝也是情理之中的事情了。

罗马人在开疆拓土、建功立业方面创造了希腊人和地中海其他民族望尘莫及的辉煌业绩，在国家治理、法制规范、城市建设、道路修筑和工程技术等方面取得了古今瞩目的伟大成就；在艺术方面，罗马人开创出与希腊人各有千秋的风格特点，在某些方面甚至还青出于蓝而胜于蓝；在文学方面，罗马人与希腊人相比就难免相形见绌了——普劳图斯的喜剧在阿里斯多芬的喜剧面前只能算是一种粗鄙的插科打诨罢了，而维吉尔的《埃涅阿斯纪》无论是在内容上还是形式上都布满了对荷马史诗的模仿印痕，西塞罗和恺撒的散文如果与柏拉图的对话录、德谟斯提尼的演讲词相比仍然稍逊一筹，更遑论在罗马文明中找到像出自埃斯库罗斯、索福克勒斯、欧里庇得斯等大师那样精美深邃的悲剧作品，尽管罗马人在政治领域中演绎了许多可歌可泣的悲壮故事；至于哲学方面，罗马历史上从来也没有产生过一个足以与希腊先哲毕达哥拉斯、苏格拉底、柏拉图、亚里士多德等人相比肩的哲学家，罗马在哲学思想上就更没有什么可圈可点的东西了。

总之，罗马人在一切实用的技能和文化形态方面都取得了辉煌的成就，但是在浪漫的诗意和抽象的思辨形态方面却根本无法与希腊人相提并论。仅就对于后世西方历史的影响而言，希腊文明与罗马文明的意义是迥然相异的：古希腊文明以其美轮美奂的文化光芒辉映大地，古罗马帝国则以其雄浑壮丽的政治辉煌普照万邦。

附 录

罗马帝国的历史命运与现实影响①

① 本文曾发表于《社会科学战线》2016 年第 8 期，作者：赵林。

　　在罗马帝国的发展过程中，地中海世界在政治上的"罗马化"与罗马自身在文化上的"异化"形成了一种辩证关系。其中，罗马与希腊、罗马与犹太以及罗马与日耳曼的关系成为影响罗马帝国历史命运的三对主要矛盾，它们分别表现为东西争锋、凡圣博弈和南北抗衡。罗马与希腊的东西争锋造成了"两个帝国"——从古代的东、西罗马帝国一直到现代的俄罗斯与西方——之间的历史张力，罗马与犹太的凡圣博弈导致了"两个罗马"——罗马帝国和罗马教会——之间的理想冲突，罗马与日耳曼的南北抗衡演绎了"两种神圣"——神圣罗马教会与神圣罗马帝国以及神圣信仰——之间的盛衰转化。

影响罗马帝国历史命运的三对主要矛盾

从公元前 264 年第一次布匿战争开始，已经统一了意大利的罗马就不可阻挡地走出了三面濒海、一面依山（阿尔卑斯山）的亚平宁半岛，迅速崛起为地中海世界的超级帝国。经过 300 多年的强势扩张，到了图拉真当政时期（公元 98 年—公元 117 年），罗马帝国的版图达到了极盛状态，东起美索不达米亚，西至大西洋，北界莱茵河和多瑙河，南迄埃及和北非。其时罗马帝国的统辖范围达 600 万平方公里，治下人口逾 5 000 万。西班牙、高卢、不列颠、莱茵河和多瑙河沿岸的上下日耳曼尼亚、潘诺尼亚、希腊、小亚细亚、叙利亚、埃及和阿非利加均沦为罗马帝国的行省和辖区，广阔的地中海成为罗马帝国的内湖，贯通全国的罗马大道（总长度达 53 000 英里，约 85 295 千米）把欧洲、西亚和北非紧密地联系在一起，真可谓是"条条大道通罗马"！

希腊城邦文明曾经为后世西方文明奠定了重要的精神根基，创造了优美的文学、艺术和深邃的哲学、科学，但是希腊城邦文明并未为西方社会提供统一的政治统治模式。城邦文明在政治上的基本特点就是分离主义，即各城邦保持小国寡民式的独立自由状态。希波战争和伯罗奔尼撒战争之后，随着城邦的衰落和亚历山大帝国的崛起，分离主义日益被帝国形态取代。但是亚历山大帝国却昙花一现，其瓦解致使马其顿、塞琉古和托勒密三个王国各行其道，希腊化世界仍然处于分裂离散的政治状况中。直到罗马人征服了整个地中海世界之后，一个真正意义上的政治统一体才得以产生。古罗马诗人奥维德曾经说过："罗马城的范围就是世界的范围。"（Romanae spatium est urbis et orbis idem）① 西方社会作为一个政治统一体，或者说整个地中海世界范围内的"全球化"过程，是由罗马人开创的。如果说希腊城邦通过荷马、苏格拉底、柏拉图等游吟诗人和思辨哲人为西方文化播下了自由的精神种子，那么罗马帝国则通过饰有"S.P.Q.R."② 字样的鹰旗第一次使西方社会产生了统一的政治认同感。

然而，罗马帝国对地中海世界的军事征服虽然实现了政治上的统一，却始终未能完成文化上的统一。相反，罗马对异域世界的每一次政治征服都面临着被异质文化渗透的危险。事实上，地中海世界在政治上的"罗马化"与罗马自身在文化上的"异化"是一个同步发生的辩证过程。当气势恢宏的罗马凯旋门、斗兽场、引水渠以及棋盘格式的罗马街区像雨后春笋一般在地中海周边地区建立起来时，这些地区根深蒂固的本土文化也正在悄无声息地渗透和改造着罗马。随着罗马人对马其顿、塞琉古、托勒密

---

① 参见皮埃尔·拉迈松主编，方友忠译：《西方文明史：欧洲谱系——从史前到20世纪末》，中国人民大学出版社2012年版，第42页。

② "S.P.Q.R."是罗马军团鹰旗和罗马公共建筑上随处可见的缩写字母，其拉丁文全文为"Senatus Populus Que Romanus"，如果用英语来表示，就是"The Roman Senate and People"，意即"罗马元老院和人民"。该缩写字母成为罗马共和国和罗马帝国的典型标志或正式名称，凡有"S.P.Q.R."鹰旗飘扬的地方，就是罗马人所征服的疆域。

这三个希腊王国的吞并，"被征服的希腊反而降伏了粗鲁无文的征服者"（罗马诗人贺拉斯名言）。同样的，罗马对犹太的政治统治恰恰为基督教在罗马帝国的文化传播开辟了通道，杀死基督的罗马帝国最终竟被基督教信仰吮尽精血而亡。[①] 另外，罗马帝国与莱茵河、多瑙河彼岸的日耳曼人的关系也颇具吊诡特点：日耳曼民族摧毁了罗马帝国的庞大身躯，却在以后的漫长时期里匍匐在罗马帝国的附体阴魂——罗马教会的神圣感召之下。

以一种辩证的眼光来看，罗马与希腊、罗马与犹太以及罗马与日耳曼的关系构成了影响罗马帝国历史命运的三对主要矛盾，这三对矛盾可以从六合的角度分别表述为东西争锋、凡圣博弈和南北抗衡。罗马与希腊之间的东西争锋不仅表现为罗马在政治上征服了希腊和希腊在文化上渗透了罗马，而且更重要的是，当罗马帝国在政治上分裂之后，希腊与罗马的文化矛盾进一步演化为"两个帝国"——从古代的东、西罗马帝国一直到现代的俄罗斯与西方——之间错综复杂的政治对峙，其历史影响在当今的国际政治舞台上仍然明晰可见。罗马与犹太之间的凡圣博弈可以更加确切地表述为恺撒王国与基督王国之间的理想冲突，即"尘世之城"与"上帝之城"的冲突——罗马帝国的"恺撒"们杀死了

---

① 爱德华·吉本认为，基督教信仰的广泛传播是致使罗马帝国断命的重要原因之一，基督教信仰摧毁和取代了罗马公民道德和国家安定赖以维系的多神教信仰，蚀空了罗马帝国的精神根基，最终使罗马帝国在蛮族入侵的冲击之下轰然坍塌。参见爱德华·吉本著，黄宜思、黄雨石译：《罗马帝国衰亡史》（D.M. 洛节编本）第三十八章"西罗马帝国的衰亡"，商务印书馆 1997 年版。

基督，基督的宗教却从根本上改造了罗马，使"皇城罗马变成了圣城罗马"①；而且在漫长的中世纪和近代，恺撒王国与基督王国的理想冲突导致了"两个罗马"——各种形态的罗马帝国与罗马天主教会——之间旷日持久的明争暗斗，形成了对西方历史影响深远的教俗之争。罗马与日耳曼之间的南北抗衡也不仅限于日耳曼民族对罗马帝国的武力摧毁及其对罗马天主教会的信仰皈依，而是更加复杂地表现为中世纪和近代的"两种神圣"——拉丁人控制的神圣罗马教会与日耳曼人建立的神圣罗马帝国以及路德等宗教改革家为了捍卫基督教的神圣性而建立的各种新教教会和民族国家——之间波诡云谲的历史较量，其结果最终导致了罗马世界的彻底衰落和日耳曼世界的强劲崛起，从而使历史的巨轮从地中海时代运转到大西洋时代。

东西争锋——希腊文化与罗马文化的历史张力

早在公元前 3 世纪末叶，罗马在与北非劲敌迦太基进行第二次布匿战争期间，就同时拉开了征服东方希腊化世界的序幕。通

---

① 约翰·博德曼等编，郭小凌等译：《牛津古罗马史》，北京师范大学出版社 2015 年版，第 9 页。

过一系列扩张战争，到了屋大维统一罗马全境时（公元前31年），罗马人已经先后吞并了内讧不已的希腊各城邦以及希腊人所统治的马其顿王国、塞琉古王国和托勒密王国，将希腊本土以及广大的希腊化世界（包括小亚细亚、西亚和埃及）尽收囊中，按照波斯帝国的行政体制将其设立为若干个行省。但是从文化的角度来看，罗马对希腊化地区的征服完全不同于它对高卢、不列颠等西方地区的征服——对于已经踏上文明历程的罗马人来说，凯尔特人和日耳曼人所生息的西部地区仍然属于鸿蒙初开的蛮荒之域，然而希腊世界却无疑具有令人仰止的文化优势。因此，随着罗马人对希腊世界的政治征服，希腊对罗马的文化渗透也紧锣密鼓地展开了。尽管以恪守传统美德而著称的老伽图等保守派人士曾多次告诫罗马青年，千万不要让希腊的柔靡之风腐蚀了罗马古朴的道德风尚，但是到了共和国末期，罗马在文学、艺术、哲学等领域已经完全沦为希腊的"文化殖民地"。希腊人崇拜的那些充满了浪漫美感的神祇被搬到罗马，与一些功能相近的本土神祇相合并，换了一个拉丁名字继续受到罗马人的崇拜；[①] 受荷马史诗《伊

---

① 例如，希腊的众神之王宙斯（Zeus）在罗马被叫作朱庇特（Jupiter），神后赫拉（Hera）被叫作朱诺（Juno），智慧女神雅典娜（Athena）被叫作密涅瓦（Minerva），美神阿佛洛狄忒（Aphrodite）被叫作维纳斯（Venus），战神阿瑞斯（Ares）被叫作马尔斯（Mars），商业之神赫尔墨斯（Hermes）被叫作墨丘利（Mercury），狩猎女神阿尔忒弥斯（Artemis）被叫作狄安娜（Diana），等等。然而，罗马人只是沿袭了希腊诸神的形体，却尽失其精神，充满美感的希腊神话一旦到了罗马人手里，就被变成了"一种冷漠的'理智'以及模仿的产物"（黑格尔）。诸神也全然失却了自由浪漫的性灵，成为充满暴戾和功利色彩的征服者。

利亚特》和《奥德修纪》的启发，维吉尔创作了最著名的拉丁文学杰作《埃涅阿斯纪》；希腊的柏拉图哲学在罗马被西塞罗等人加以传播，最终结出了新柏拉图主义的果实（希腊的其他哲学学派如斯多葛主义、伊壁鸠鲁主义等亦是如此）；希腊的雕塑和建筑在罗马得以传承，只是少了一些唯美的色彩，多了一些实用的特征；甚至连拉丁语本身，在字母、语法和词汇等方面也深受希腊语的影响。在罗马帝国的东部地区，希腊语一直与西部地区流行的拉丁语并存，二者共同构成了罗马帝国的官方语言。

尽管罗马人在文化上极力效仿希腊，但是这两个民族却有着迥然不同的文化禀性。一般而言，希腊人是富有浪漫精神的人文主义者，罗马人是唯利是图的功利主义者。希腊人张扬个性自由，罗马人（至少是共和国时期和帝国早期的罗马人）服从整体秩序。希腊人仰望幽邃的星空，用美感和智慧创造了优雅精深的文化；罗马人则俯抱广阔的大地，用金戈铁马征服了整个地中海世界。这两个民族的性情差异从他们留下来的历史遗迹中就可以明显看出，希腊人留给后世的恢宏建筑有三类：神庙、竞技场和剧场；罗马人遗存千年的壮观建筑也有三类：凯旋门、斗兽场和浴场。二者之间大相径庭的文化旨趣无须赘言。希腊人将"人是万物的尺度"（希腊哲人普罗泰哥拉名言）作为现实人生和一切价值判断的基本准则，因此他们所创造的奥林匹斯多神教以及在此基础上产生的各种文化形态——史诗、竞技、戏剧、艺术、哲学、科学等——无不焕发着美轮美奂的人性光辉。汤因比认为，希腊精神的特点就在于："希腊人把人视为'创造之主'（the Lord of Creation），并且将人作为处于神之地位的偶像来崇拜。"[①] 由于注重个人的精神自由，城邦时代的希腊人从来没有创建过大帝国，公元前 477 年以提洛同盟为名义的雅典帝国只不过是昙花一现，雅典对于后世的影响不在于它的军事征服而在于它的思想风采，"好像只有思想是他的本行"[②]（修昔底德）。相比之下，罗马人则沉迷于各种拜物教——国家拜物教、权力拜物教、金钱拜物教等——的晕轮之中，在功利主义的驱使下，通过不断地喋血奋战创建了一个地跨欧亚非三大洲的超级帝国，而后又在无休止的穷奢极欲中致使这个大帝国土崩瓦解。

　　这种巨大的文化差异使得希腊人虽然在政治上接受了罗马人的统治，但是在精神上却始终保持着一种居高临下的姿态。在有教养的希腊人眼里，罗马人只不过是一群颇为凶悍的乡巴佬而已，他们是永远不谙文雅的。这种文化上的蔑视不仅表现在文学、艺术和哲学等古典学术方面，而且也为后来的基督教教义之争和教会分裂埋下了伏笔。当希腊世界和拉丁世界都开始接受基督教信仰之后，古典时代的文化抵牾就进一步演变为宗教神学（以及教仪教规和教会组织）方面的分歧。汉密尔顿指出："早期的基督教会面临两种选择：希腊的道路与罗马的道路。两者具有本质上

---

① 阿诺德·汤因比著，乔戈译：《希腊精神——一部文明史》，商务印书馆 2015 年版，第 10 页。
② 参见丹纳著，傅雷译：《艺术哲学》，安徽文艺出版社 1991 年版，第 320 页。

的差异；彼此几乎没有契合点。"① 所谓"希腊的道路"无疑是指思想文化的道路，而"罗马的道路"则是指政治权力的道路。在使徒时代以及早期教父时代的《圣经》译撰和教义建构的过程中，"希腊的道路"明显占了上风——《希伯来圣经》的七十子译本以及《新约全书》都使用了希腊文，初期教会的主教们大多是希腊人或受过希腊文化教养的人，早期的神学教义更是被打上了深深的希腊形而上学烙印。但是到了公元 313 年《米兰敕令》颁布之后，获得了合法地位的基督教会就越来越关注组织和权力的重要性，这样就使得"罗马的道路"后来居上。在以后的发展过程中，"希腊的道路"与"罗马的道路"非常复杂地纠结在一起，导致了基督教会内部不断重演的教义之争和教派分裂（表面上的教义神学之争背后掩饰着实质性的教派权力之争）。在西罗马帝国灭亡之前，从尼西亚大公会议一直到卡尔西顿公会议所贬抑的所有"异端"思想（阿利乌主义、阿波利拿里主义、聂斯脱利主义、一性论派等）全都是出于希腊文化盛行的东派教会（亚历山大教会、老底嘉教会、君士坦丁堡教会等）。这种现象恰恰说明，随着基督教会与罗马政权的日益妥协（从合法化到国教化），"希腊的道路"也逐渐被"罗马的道路"取代。但是对于许多具有较深学养根基的希腊教父来说，所谓"异端"恰恰意味着更多的哲

---

① 依迪丝·汉密尔顿著，曹博译：《希腊的回声》，华夏出版社 2014 年版，第 177 页。

学智慧，诚如拉丁教父所指责的那样，"哲学导致异端"。这种极其复杂的文化分歧再加上权力博弈，最终造成了基督教两大教派——希腊正教会与罗马公教会——的彻底分裂。①

希腊与罗马之间根深蒂固的文化分歧，更由于罗马帝国在政治上的分裂而进一步加剧。事实上，随着拉丁世界在文化上不断被希腊精神渗透，希腊世界在政治上也日益被罗马体制同化。早在罗马人的征服之前，来自北方马其顿的亚历山大大帝就已经终结了希腊城邦分离主义的田园牧歌，吹响了帝国扩张的凯旋号角。幅员辽阔的亚历山大帝国曾一度使希腊人陶醉在帝国扩张的光荣眩晕中，热衷于自由遐想的希腊人竟然成了东方世界的现实统治者。而后，在经历了希腊化时代的一段政治混乱之后，整个希腊世界又沦为罗马帝国的若干行省，在政治上成为罗马的附庸。但是在罗马人迅猛扩张的过程中，亚历山大帝国一直是一个令人向往的宏伟理想。尤其是当罗马人的扩张在西边止步于浩瀚无边的大西洋时，他们更是对亚历山大大帝征服东方的丰功伟绩仰慕不已——毕竟东方是远比西方更加富庶、繁荣和开化的文明之域。这种极具诱惑力的"亚历山大理想"或"东方梦"鞭策着一代又一代罗马人前赴后继地向东扩张，共和国时期的马其顿战争（公元前 212 年—公元前 146 年）、叙利亚战争（公元前

---

① 关于 11 世纪东西方教会大分裂的文化、政治和宗教背景，可参见拙文《中世纪罗马天主教会的盛衰转化——从东西方教会大分裂到西方教会大分裂》，载于《学习与探索》2015 年第 6 期。

191 年—公元前 188 年）、米特拉达梯战争（公元前 88 年—公元前 65 年）以及庞培对塞琉古王国的兼并（公元前 64 年）、屋大维对托勒密王国的征服（公元前 31 年），已经将罗马的东部疆域拓展到了小亚细亚、西亚和埃及。而得陇望蜀之志又不断地激励着罗马英雄们，从恺撒、克拉苏、安东尼一直到图拉真、奥勒留等罗马皇帝，他们心中始终萦绕着一个挥之不去的东方情结，那就是像当年亚历山大征服波斯一样去征服东方强敌帕提亚。① 当罗马陷入内战时，一些拥兵自重的政治野心家也是在亚历山大理想的感召下试图在东方另起炉灶。从苏拉与马略之争、安东尼与屋大维之战，一直到戴克里先的分区治理制度，以及李锡尼乌斯与君士坦丁的对峙，都可以看作希腊与罗马的文化抵牾在政治层面上的再现。戴克里先就已经认识到希腊世界的经济、文化优势，因此把首都迁到拜占庭附近的伊兹米特，而把帝国西部交给副手马克西米安治理。君士坦丁在消灭李锡尼乌斯、统一罗马帝国之后，又做出了一个重大的政治举措：将帝国首都迁至拜占庭（即君士坦丁堡），从而使罗马帝国的政治重心转移到希腊世界。君士坦丁死后，罗马帝国再次经历了分裂和整合，到公元 395 年正式分裂为两个帝国，即以君士坦丁堡为都城的东罗马

---

① 恺撒被刺之前准备实施的政治抱负，就是东征帕提亚。图拉真把罗马帝国的疆域向东推进到亚美尼亚和美索不达米亚，一度攻占了帕提亚的重镇泰西封。当年迈的图拉真抵达波斯湾时曾望洋兴叹，感慨自己已经不可能实现亚历山大大帝的伟业了。而克拉苏、安东尼、奥勒留、瓦勒良等人都先后在进军帕提亚时战败，甚至身死或被俘。

帝国和以罗马为都城的西罗马帝国。

至此，希腊世界在拉丁世界面前不仅继续保持着文化优势和经济优势，而且也具有了新的政治优势。到了西罗马帝国被日耳曼蛮族摧毁之后，希腊世界的政治优势就变得更加不可动摇。公元6世纪东罗马帝国的查士丁尼皇帝曾一度从蛮族手中光复了意大利和北非，展现了以希腊世界为中心重振罗马帝国河山的政治宏愿。从公元476年西罗马帝国灭亡，一直到公元800年查理称帝的三百多年时间里，拜占庭帝国（即东罗马帝国）不仅在希腊人眼中，而且在山河破碎的罗马人眼中，甚至在入侵西罗马帝国的日耳曼蛮族眼中，都具有毋庸置疑的正统性和权威性。① 拜占庭帝国的官方语言虽然是希腊语，人民信仰的宗教虽然是希腊正教，但是君士坦丁堡的统治者们却始终以"罗马人的皇帝"的身份自居，因为他们的帝国是从君士坦丁大帝那里一脉相承地延续下来的。②"希腊的罗马公民"这个看似矛盾的称呼，已经为拜占庭帝国的臣民们所习惯。但是希腊与罗马的实际关系却变得更加疏远和淡漠，当西罗马帝国在蛮族大入侵的冲击下土崩瓦解时，

① 在蛮族入侵的"黑暗时代"，对于在西方土地上生活的人民来说，罗马帝国并没有灭亡，它仍然在君士坦丁堡威严地挺立着。当时流行的一句格言是："皇帝在哪里，罗马就在哪里。"罗马公教会（即天主教会）的教皇们也承认自己是拜占庭皇帝的臣民，他们在西方的宗教领导地位需要得到东方皇帝的恩准。至于那些在西罗马帝国废墟上建立蛮族王国的日耳曼首领，同样也蛰伏在拜占庭皇帝的政治权威之下，并从后者那里获得"罗马贵族"（Patricius Romanorum）的称号。

② 拜占庭帝国科穆宁王朝的皇帝伊萨克一世（1057—1059年在位）后来还把罗马军旗上的鹰徽改造为双头鹰徽，用以表示一个头护卫着君士坦丁堡，另一个头紧盯着罗马。

"拜占庭朝廷则以漠不关心，或甚至喜悦的心情，观看着罗马的屈辱、意大利的不幸和西部的丧失……而希腊和拉丁的分裂，则又因为永远存在的语言、习俗、利益，甚至宗教方面的差异，而更为加深。"[①]

公元 800 年，在罗马天主教皇利奥三世的主持下，法兰克国王查理以"罗马人的皇帝"之名在罗马城加冕。西方世界在经历了三百多年的帝位空缺期之后，终于又有了自己的皇帝。英国著名历史学家詹姆斯·布赖斯认为，查理加冕称帝的历史意义不仅意味着"罗马人又自由了，又成为世界的主人和中心了"，而且还"宣告了准备良久，后果巨大的罗马人和条顿人的联合、南方的记忆和文明与北方新生力量的联合"。[②]

当西罗马的土地上开始实现南方的罗马文明与北方的条顿（即日耳曼）力量的联合时，东罗马的范围内也正在发生同样的事情——南方的希腊文明对北方的斯拉夫民族的教化。到了公元10 世纪末叶，当罗马天主教卓有成效地感召了斯堪的纳维亚半岛上的诺曼人时，希腊东正教也同样成功地传播到基辅罗斯，实现了拜占庭文化与斯拉夫文化的融合。这样一来，希腊与罗马的传统矛盾就变得更加复杂了，它已经把新生的日耳曼因素和斯拉夫

---

① 爱德华·吉本著，黄宜思、黄雨石译：《罗马帝国衰亡史》（D.M. 洛节编本）下册，商务印书馆 1997 年版，第 139 页。

② 詹姆斯·布赖斯著，孙秉莹等译：《神圣罗马帝国》，商务印书馆 1998 年版，第 44 页。

因素也混杂于其中。

在欧洲中世纪，希腊文化与罗马文化之间的历史张力主要表现为拜占庭帝国与法兰克帝国（以及后来的神圣罗马帝国）之间的政治对峙。拜占庭帝国的皇帝们宣称拥有罗马帝国的血脉和政统，法兰克帝国和神圣罗马帝国的统治者们则自恃据有罗马城和使徒（圣彼得）法座。① 两个帝国的政治对立又与两个教会（希腊正教会与罗马公教会）的宗教分歧以及两大类型（希腊－斯拉夫类型和拉丁－日耳曼类型）的文化差异极其复杂地混杂在一起，从而造成了令人眼花缭乱的历史迷局。

1453 年君士坦丁堡被土耳其穆斯林攻占，延续千余年之久的东罗马帝国终归灭亡，君士坦丁堡教会的东正教中心地位也随之瓦解。刚刚摆脱了蒙古金帐汗国统治的莫斯科公国的统治者伊凡三世抓住了这个千载难逢的时机，他在罗马天主教皇的撮合下，迎娶了逃亡到罗马的拜占庭王室末代公主索菲亚（罗马教皇之所以要撮合这段婚姻是为了联合东正教势力共同对抗伊斯兰教的土耳其）。伊凡三世还接受东罗马帝国的双头鹰徽作为俄罗斯的国徽，并在索菲亚公主的帮助之下，效法拜占庭帝国的政治模式进行了一系列制度变革。从此以后，迅猛崛起的俄罗斯以"第三罗

---

① 从查理大帝的加冕开始，一直到 1452 年神圣罗马帝国的腓特烈三世称帝，法兰克帝国和神圣罗马帝国的大多数皇帝都是在罗马城由罗马天主教皇来主持加冕，他们在成为帝国皇帝之前往往先要获得意大利国王的称号，并且被称为"罗马人的皇帝"。

马帝国"自居，其统治者改"大公"称号为"沙皇"（俄语表示
为"Tsar"，即"恺撒"），莫斯科也取代君士坦丁堡而成为东正
教的新中心。15 世纪末，一位东正教修士菲洛修斯在给伊凡三世
的信中这样写道：

　　　　"整个东正教世界都归您统治，您是世界唯一的君主，基督
　　　教徒唯一的沙皇。……看呀！听呀！哦，虔诚的沙皇，前两个
　　　罗马虽已灭亡，第三个却依然耸立，而且决不会再有第四个。"①

　　与俄罗斯僭取罗马帝国称号的做法相对应，自阿尔伯特二世
（1438 年称帝）以来长期垄断帝位的奥地利哈布斯堡家族也将双
头鹰标志确立为神圣罗马帝国的国徽。于是，两个采用双头鹰徽
的帝国——俄罗斯帝国与神圣罗马帝国——又开始了欧洲近代
的政治博弈。随着神圣罗马帝国的衰落和西方民族国家的崛起，
俄罗斯帝国先后与法兰西（拿破仑战争）、德意志（第一次世界
大战）等西方大国争强夺霸；到了苏联时期，又与德国和英美进
行了酷烈的热战和漫长的冷战。直至今日，俄罗斯与西方世界仍
然处于针锋相对、彼此掣肘的微妙关系中。

　　从古代世界东罗马帝国与西罗马帝国的分立，到中世纪拜占

---

① 参见斯塔夫里阿诺斯著，吴象婴、梁赤道译：《全球通史——1 500 年以前的世界》，上海社会
　科学院出版社 1988 年版，第 424 页。

庭帝国与法兰克帝国以及神圣罗马帝国的对峙，再到近代俄罗斯帝国与西方列强的争锋，乃至当今世界俄罗斯与美国及北约的抗衡，所有这些"两个帝国"之间的利益角逐，都可以追溯到希腊文化与罗马文化、亚历山大帝国与恺撒帝国的历史张力中。

凡圣博弈——罗马帝国与罗马教会的理想冲突

如果说希腊与罗马的历史矛盾表现为一种旗帜鲜明的分庭抗礼，那么犹太与罗马的历史矛盾就表现为一种纠缠不清的相生相克。前者以亚历山大帝国与恺撒帝国的对立为象征，反映了东方与西方之间的利益角逐；后者则以基督王国与恺撒王国的对立为象征，反映了天国与尘世之间的理想冲突。由于基督王国——在现实世界中表现为基督教会——是在罗马帝国的躯体中生长起来的，所以它与罗马的关系就不像希腊与罗马的关系那样泾渭分明，而是盘根错节地纠结在一起。特别是当基督教成为罗马帝国的国教之后，"基督教和文明变得和罗马帝国同疆共域了。一个罗马人即是一个基督徒"。① 在这种情况下，基督王国与恺撒王

---

① 詹姆斯·布赖斯著，孙秉莹等译：《神圣罗马帝国》，商务印书馆 1998 年版，第 12 页。

国的关系在后来的西方历史中就表现为"两个罗马"——罗马天主教会与形形色色的罗马帝国——之间的教俗之争。

犹太民族是一个苦难深重的民族，自从犹太人的祖先希伯来人在公元前 14 世纪来到巴勒斯坦（古称伽南）定居之后，在一千多年的时间里，他们先后遭受了埃及人、非利士人、亚述人、新巴比伦人、波斯人、亚历山大帝国、托勒密王国、塞琉古王国和罗马人的统治。长期受奴役的苦难遭遇使得犹太民族强烈地期待社会解放，盼望古代大卫王国的辉煌能够在不久的将来再现。[①] 在塞琉古王朝统治期间，犹太人中盛传关于弥赛亚将至的预言。按照这种预言，上帝将指派一位复国救主弥赛亚（Māshiah）[②] 降临人间，他将带领犹太人脱离苦难，享受一千年的幸福生活。到了罗马统治时期，基督教从犹太教中脱颖而出并且与犹太教分道扬镳，但是在坚持大卫后裔弥赛亚或基督的王国一定会实现的理想上，[③] 基督教与犹太教是一脉相承的。基督徒们坚信，"神将通过一位弥赛亚进行干预，推翻罗马政权，建立神的

---

① 犹太人曾经在公元前 11 世纪—公元前 10 世纪建立以色列国，经历了扫罗、大卫、所罗门三王的统治。大卫是犹太人历史上最英明的国王，他的统治被犹太人奉为理想国。按照福音书的谱系学记载，耶稣是大卫王的嫡传后裔（《圣经·马太福音》，第 1 章第 1—17 节）。因此，基督王国可以看作是大卫王国的再现。

② 希伯来文 Māshiah 直译为"受膏者"，古代犹太人拥立国王时，要在受封人头上涂抹羊油，因此"受膏者"即是国王。

③ "救主"一词在希伯来语中的发音为"弥赛亚"，在希腊语中则为"基督"（Khristós，拉丁语为 Christus），因此基督就是弥赛亚。关于基督教对犹太教的继承与超越，可参阅拙著：《基督教与西方文化》第二讲"基督教与希伯来文化"，商务印书馆 2013 年版。

国；在这个国度中在大卫的子孙弥赛亚王的公义统治下······一个黄金时代由此开始"。①

由于罗马帝国是一个"条条大道通罗马"的普世大帝国，因此基督徒只能在这个现实的国度之内来实现基督的理想国度，这样从一开始就注定了基督王国与恺撒王国之间的紧张关系。面对着以暴戾武力来征服世界的罗马帝国，刚刚诞生的基督教会只能通过和平的方式来传播上帝的福音，在罗马统治者的暴戾压迫之下采取一种逆来顺受的应战姿态。耶稣本人痛苦而屈辱地死在"恺撒"代理人竖起的十字架上，彼得、保罗等使徒以及一批批虔诚的基督徒纷纷以身殉道。犹太民族也在公元 70 年圣殿被毁以后，被罗马人赶出了家园，寄人篱下，受尽欺凌。自从公元 64 年尼禄皇帝对基督徒首开杀戒以来，在长达 250 年的时间里，罗马帝国对基督徒进行了多次惨无人道的大迫害。但是，正如拉丁教父德尔图良所言，"殉道者的鲜血成为教会的种子"。失去了家园的犹太人在 1 000 多年的苦难中坚韧不拔地守护着他们的信仰，而新兴的基督教更是在罗马帝国体内忍辱负重地传播着上帝的福音。随着罗马帝国在穷奢极欲中逐渐走向衰竭，基督教却以其纯真的信仰和高洁的道德而感召了越来越多的罗马民众，动摇了罗马帝国赖以维系的多神教信仰。最终，那位被罗马人杀死的

---

① 威利斯顿·沃尔克著，孙善玲等译：《基督教会史》，中国社会科学出版社 1991 年版，第 16 页。

犹太人（耶稣）的信仰竟然成为罗马帝国的断命毒酒。海涅非常俏皮地写道：

> "那个被谋害的犹太，把它的唯灵主义奉送给罗马人的时候，是不是想向它那得胜的敌人报复，就像从前陈陶尔[①]那样，临死时狡猾地把一件浸渍过自己鲜血的有毒致命的长袍交给朱庇特的儿子？真是这样，罗马帝国、各国人民中的赫库勒斯，被犹太的毒药慢慢害死，结果头盔铠甲都从他那衰朽的躯体上脱落，他那声振四方的激战呼号日益低微，变成了僧侣的喃喃祈祷和阉人的颤声嘟囔。"[②]

公元 313 年，君士坦丁皇帝颁布《米兰敕令》承认基督教为合法宗教；公元 380 年，狄奥多西皇帝又宣布基督教为罗马帝国的国教，要求全体罗马人民"遵守神圣使徒彼得带给罗马人的信仰"。至此，恺撒的国度和基督的国度似乎合为一体了，但是二者之间的深刻仇隙却始终未能冰释，而且随着罗马帝国和罗马教会的力量对比发生逆转，"两个罗马"之间的矛盾变得更加错综复杂了。君士坦丁皇帝之所以要大力扶持基督教，只是因

[①] 希腊神话中半人半马的怪物，为朱庇特之子赫拉克勒斯所杀。陈陶尔临死时，劝赫库勒斯之妻得伊阿尼拉，用他的鲜血提炼一种可使丈夫永远爱她的油膏，这油膏其实是毒药。得伊阿尼拉把它涂在白袍上献给丈夫，赫库勒斯因此中毒而死。

[②] 亨利希·海涅著，张玉书译：《论浪漫派》，人民文学出版社 1979 年版，第 7-8 页。

为一个充满感召力的新宗教是与一个重新完成统一的大帝国相适应的。他本想利用基督教信仰来重振罗马帝国，却未曾意识到基督王国与恺撒王国之间存在着无法调和的理想冲突。但是后来的奥古斯丁对于这两个国度之间的吊诡关系却有着清晰的认识，在《上帝之城》中，这位罗马教会的思想巨擘明确地指出，虽然"上帝之城"（基督王国）与"世俗之城"（恺撒王国）共存于同一个现实世界中，但是它们却代表了两种截然对立的理想态度："一座城在它自身中得荣耀，另一座城在主里面得荣耀"。①前者贪恋尘世的物欲，后者向往天国的荣耀。因此，这两种理想之间的深刻矛盾是根本无法调和的。但是，尽管这两种理想在内涵方面存在着巨大的差异，它们在形式上却有着某种同一性，即它们都具有普世性的特点。罗马帝国的理想是让鹰旗插满世界，基督教的理想则是让信仰传遍万邦。②从这种普遍性的意义上看，"罗马帝国平定并统一了世界，适时地为在各地传播福音准备了条件"。③

公元 5 世纪日耳曼民族的大入侵和西罗马帝国的毁灭，使得基督王国与恺撒王国之间旷日持久的理想冲突终于有了结果，基督教

---

① 奥古斯丁著，王晓朝译：《上帝之城》中册，道风书社（香港）2004 年版，第 267 页。

② 耶稣在复活时教导门徒说："你们往普天下去，传福音给万民听。"参见《圣经·马可福音》第 16 章第 15 节。

③ 约翰·博德曼等编，郭小凌等译：《牛津古罗马史》，北京师范大学出版社 2015 年版，第 9 页。

会"终于在朱庇特神庙的废墟上竖起了胜利的十字架的旗帜"[1]。然而，一个"罗马"（罗马帝国）在蛮族的暴力冲击下轰然倒塌，另一个"罗马"（罗马教会）却在一片蛮荒的土地上疯狂生长。至7世纪末，所有入侵西罗马帝国的蛮族部落都皈依了正统的罗马天主教会（或者被查士丁尼的光复运动消灭）；到了10世纪末，前罗马帝国北部疆域以外的整个日耳曼地区，一直远至斯堪的纳维亚半岛，全都匍匐在基督的十字架之下。于是在西欧的范围内，罗马大公教会（Roman Catholic Church）[2]取代了罗马世界帝国，成为新的权力中枢。"政权与治术由此行将倾覆的帝国转至强而有力的教皇手中；断剑之威为慰藉之笔所代替；教会的传教士取代了帝国的军队，沿罗马各公路涌至西方；叛乱的各行省，因接受了基督教，重又承认罗马的君权……"[3]然而，此君权已非"恺撒"的权力，而是基督的权力，"皇城罗马变成了圣城罗马"。

正如热衷于思想的希腊人在罗马政治的影响下开始眷恋权力一样，当罗马教会逐渐变得羽毛丰满之后，它也不可避免地一头扎进了争权夺利的泥沼。事实上，罗马帝国的基督教化和基督教的罗马化是同一个相反相成的辩证过程——当罗马帝国把基督教

---

① 爱德华·吉本著，黄宜思、黄雨石译：《罗马帝国衰亡史》（D.M. 洛节编本）上册，商务印书馆1997年版，第233页。

② "Catholic"一词本身就具有"普世的"意义，大公教会即是普世教会，中国人称之为天主教会。

③ 威尔·杜兰著，幼狮文化公司译：《世界文明史·恺撒与基督》下册，东方出版社1999年版，第883页。

确立为国教时，基督教会也仿照罗马帝国的政府形式和法律体制把自己变成了一个庞大的权力机构。对于扬眉吐气的基督教会来说，"罗马的道路"显然要比"希腊的道路"更加具有现实的诱惑力。基督王国虽然是一个天国的理想，但是罗马教会的主教们却是具有七情六欲的凡胎俗骨，他们在现实的环境里很难抗拒权力和物欲的侵蚀。因此，早在获得合法地位伊始，教会内部就出现了愈演愈烈的权力之争，其结果导致了一次次的"异端"谴责和教派分裂。到了西罗马帝国灭亡之后，罗马教会又开始与君士坦丁堡的皇帝们暗中较量，试图摆脱鞭长莫及的拜占庭帝国的政治控制。公元 5 世纪末，罗马教皇吉莱西厄斯（公元 492 年—公元 496 年在位）在写给拜占庭皇帝阿纳泰西厄斯的信中宣称："统治这个世界的主要有两大权威：教皇神圣的权威和君主的权威。其中，祭司的权威远较王权伟大，因为在末日审判时，即令人间贵为君王者，他们的行为也得由祭司向上帝交代。"① 这种教权至上的思想为中世纪的各种"君权神授"理论奠定了基础。及至西方的帝国（查理帝国）重建之后，罗马教会再度陷入了与各种形态的罗马帝国——查理帝国、神圣罗马帝国等——的相互借重和明争暗斗之中，二者之间的教俗之争构成了一条贯穿中世纪政治史的主线，对西方社会生活产生了重要的影响。

---

① 艾耶尔：《古代教会史资料汇编》，第 20 页。转引自威利斯顿·沃尔克著，孙善玲等译：《基督教会史》，中国社会科学出版社 1991 年版，第 156 页。

公元 751 年，法兰克王国宫相矮子丕平篡夺了墨洛温家族的王位，他的篡权行为得到了罗马教皇斯蒂芬二世的认可，后者亲自为丕平进行了加冕。作为回报，丕平把从伦巴第人手中夺回的拉文纳总督区以"赠献"的名义交给了罗马教皇。从此以后，"丕平赠土"就成为"教皇国"（教皇的世俗领土）的奠基地。这是中世纪世俗王权与罗马教会之间的第一笔政治交易，它为以后教俗权力的相互勾结和博弈开了先河。丕平死后，其子查理继承王位，此时的法兰克王国已经控制了意大利、高卢和日耳曼等地区，其疆域范围已经堪与前西罗马帝国相媲美。公元 800 年，查理称帝，重新承续起罗马帝国的政统。当时的教皇利奥三世在罗马为查理举行了加冕礼，此举就成为罗马皇帝世俗权力合法性的神圣根据。从此以后，由罗马教皇为帝国皇帝进行加冕就成为一种惯例，由此也衍生出后来的"君士坦丁赠礼"①、"两把刀"理论②、"太阳与月亮"理论③等各种君权神授理论。一位研究者

---

① 公元 9 世纪罗马教会伪造的《艾西多尔文献》谎称收集了一封君士坦丁皇帝致当时的罗马主教西尔维斯特的信件，在信中君士坦丁宣称：为了感谢基督教会对他的拯救，他决定把罗马之外的 4 个宗主教区——安提阿、亚历山大、君士坦丁堡和耶路撒冷——的一切信仰事务的宗教管辖权，以及"罗马城和所有意大利的或整个西部地区的行省、地区和各城市"的世俗统治权均授予西尔维斯特及其继承者。"君士坦丁赠礼"成为中世纪罗马教皇凌驾于西欧世俗王权之上的重要法律依据。

② 《圣经·路加福音》第 22 章第 38 节写道："他们说：'主啊，请看！这里有两把刀。'耶稣说：'够了。'"罗马教会据此解释说，上帝把神权和王权这"两把刀"都交给了彼得的教会，教皇在为君主加冕时把王权这把刀授予后者，但是他却保留着随时收回这把刀的权利。

③ 11 世纪强势的罗马教皇格利高里七世根据《圣经·诗篇》第 72 章第 5 节"太阳还存，月亮还在，人要敬畏你，直到万代"的诗句，把教会和帝国分别比作太阳和月亮，月亮的光是来自太阳，因此皇帝要诚服于教皇的至上权力。

评论道：

> "教皇给这位皇帝的加冕，便被解释为天上的权力高于世
> 俗权力的象征：教皇运用他的神权把帝国从希腊人手中收回，
> 授予法兰克国王。……按照《旧约》中的范例，给国王行敷圣
> 油礼，这是从宗教上给这种继承，或者篡位，披上一种神圣的
> 外衣。教皇为皇帝行加冕礼，日益被认为是表示承认诸侯们的
> 选举为合法。"①

在法兰克帝国和神圣罗马帝国初期（公元 9 世纪—公元 11
世纪），由于战乱频仍和封建状态严重，许多地方主教和神职人
员都依附于当地的封建领主，罗马天主教会和教皇的统一权威尚
未树立起来。因此，罗马教皇在帝国皇帝面前往往只能采取一种
相互借重甚至委曲求全的妥协姿态。但是与控制着帝国权力的
日耳曼蛮族相比，主宰罗马教会的拉丁人具有毋庸置疑的文化优
势，更何况他们手中还掌握着决定灵魂归属的神圣钥匙。这种文
化上和宗教上的优势地位使得善于经营的罗马教会在蒙昧闭塞的
蛮族世界里游刃有余，很快就控制了西欧社会的经济命脉，并且
在政治方面也有了越来越大的腾挪空间。随着罗马教会的羽毛逐

---

① G. F. 穆尔著，郭舜平等译：《基督教简史》，商务印书馆 1981 年版，第 165 页。

渐丰满，它与神圣罗马帝国之间的教俗之争也日趋激烈。在 11
世纪下半叶发生在罗马教皇格利高里七世与帝国皇帝亨利四世之
间的主教册封权之争中，教会已经开始略占上风。在随后的一百
年间，神圣罗马帝国的实力每况愈下，罗马天主教会的权势则与
日俱增。到了 13 世纪和 14 世纪，罗马教会已经登上了西欧政
治权力的巅峰，英诺森三世等强势教皇翻手为云、覆手为雨，将
神圣罗马帝国的皇帝和西欧大大小小的国王、诸侯玩弄于股掌
之间。11 世纪至 13 世纪基督教世界发起的十字军东征，虽然最
终以失败的结局而收场，但是它却充分显示了罗马教皇在西欧
政坛上的权威性——是教皇而不是皇帝，成为基督教世界与伊
斯兰教世界大对决的领导者。通过策划和领导这场暴戾的宗教战
争，罗马教皇不仅证明自己已经成为西欧教俗各界的公认渠魁，
而且也表现出充当整个基督教世界——罗马公教会和希腊正教
会——的统一领袖的野心和实力。一位教会史专家对十字军东
征的历史后果评价道："或许最有意义的结果是十字军给教宗制
增加了光彩。……圣战就是使联合东西方教会的教宗制获得普
世治权。"①

　　盛极而衰，盈满则亏。从 14 世纪开始，随着法兰西、英格
兰等民族国家逐渐取代日益衰朽的神圣罗马帝国而崛起，罗马天

---

① 布鲁斯·雪莱著，刘平译：《基督教会史》（第二版），北京大学出版社 2004 年版，第 212~213 页。

主教会也开始从权力的巅峰跌落下来。经过"阿维尼翁之囚"和西方教会大分裂等一系列政治挫折，罗马教会元气大伤。不久以后，蓬蓬勃勃的宗教改革大潮又汹涌而至，致使铁板一块的罗马天主教世界破碎瓦解。大势已去的罗马教会左支右绌，总算保住了半壁江山（意大利、西班牙、法国等）。从此以后，退守南方的罗马天主教会只能与北方形成的新教阵营划定楚河汉界而治（1648 年《威斯特伐利亚和约》）。随着西欧近代民族国家在宗教改革运动中逐渐壮大，罗马教会与罗马帝国这一对藤树相缠的冤家对头双双在历史舞台上谢幕，让位于日耳曼世界中鸣锣登场的新主角。

1806 年，在法兰西皇帝拿破仑的逼迫之下，苟延残喘的神圣罗马帝国终于瓦解，但是罗马帝国的阴魂并未在欧洲乃至国际政治舞台上彻底消散。一方面，从法国的拿破仑帝国、大不列颠的"日不落帝国"一直到俾斯麦的德意志第二帝国和希特勒的德意志"第三帝国"，以及西欧范围之外的俄罗斯帝国和被世人称为"当代罗马帝国"的美国，以各种不同形式——政治的、经济的、文化的或意识形态的——来统一世界、重温罗马帝国旧梦的勃勃野心不断再现。即使是今天的欧盟，也同样试图以一种和平的方式来重振罗马帝国的政治、经济一体化理想。另一方面，罗马教会自近代以来也发生了根本性的变化，宗教改革运动不仅导致了大公（或普世）教会的大分裂，产生了分崩离析的各支新教教派；而且还在 16 世纪的再洗礼派运动中酝酿了一种源于犹太教的大卫－弥赛亚王国模式的乌托邦社会理想。

公元之初是罗马帝国奠立和罗马教会产生的时代，从一开始，"两个罗马"就如影随形地纠缠在一起，共同走过了一千多年的吊诡历程，其间充满了血泪与权欲、苦涩与荣耀。时至今日，二者相互撕咬的时代已经过去（或者变换为一种新形式的理想冲突）。恺撒的王国崩溃了，大卫（或弥赛亚、基督）的王国也分裂了。当古代世界的辉煌逐渐隐匿时，一个全新的时代如朝阳般开始在日耳曼的大地上喷薄而出。

南北抗衡——罗马世界与日耳曼世界的盛衰转化

罗马世界与日耳曼世界的关系，与"两个罗马"的关系非常复杂地纠结在一起。与希腊人、犹太人和罗马人相比，日耳曼人无疑是一个大器晚成的民族，他们是在古代社会已经濒于衰亡时才开始走上西方文明舞台的。当日耳曼人最初以蛮族入侵者的身份进入罗马世界时，"两个罗马"都面临着覆灭的共同威胁。但是历史结果却具有吊诡性：一个"罗马"（罗马帝国）土崩瓦解，另一个"罗马"（罗马教会）却因祸得福。在后来的"黑暗时代"里，各个日耳曼民族王国相继皈依了罗马天主教会，征服者反过来被它征服的文明同化。到了中世纪，日耳曼人打着神圣罗马帝国的旗号与拉丁人控制的神圣罗马教会相抗衡，从而使教俗之争又包含了民族矛盾的新内涵，变得更加诡谲复杂。从宗教改革的时代起，蒙昧千年的日耳曼人才真正产生了自我意识，他们终于意识到自己与"罗马"——无论是罗马教会还是罗马帝国——之间的巨大文化差异。于是，一股反罗马的汹涌浪潮就在日耳曼世界中激荡开来，结果导致了罗马教会的分裂和罗马帝国的终结，一个属于日耳曼世界的新时代开始来临。

公元 5 世纪，生活在多瑙河以北、莱茵河以东的日耳曼各部族在匈奴人的压力之下，纷纷侵入已经在奢靡腐败中变得衰弱不堪的罗马帝国。西哥特人首先在公元 410 年攻略了千年不败的罗马城，"文化破坏者"汪达尔人又在公元 455 年洗劫了罗马，将这个伟大的古都夷为一片废墟。接着，一支支日耳曼部族纷至沓来，西哥特人、苏维汇人、巴斯克人占据了西班牙，法兰克人、勃艮第人、阿勒曼尼人占据了高卢，东哥特人（以及后来的伦巴第人）占据了意大利，汪达尔人占据了北非，盎格鲁人、撒克逊人占据了不列颠。整个西罗马帝国被瓜分为一个个各自为政的蛮族王国，辉煌的古典文明灰飞烟灭，西欧社会进入了满目疮痍的"黑暗时代"。

日耳曼民族摧毁了西罗马帝国的一切文明成果，但是唯独对基督教崇敬有加。究其原因，并非如黑格尔所说的那样是日耳曼民族的"天命"使然，[①] 而是后天教化和环境影响的结果。早在公元 4 世纪，一部分毗邻罗马帝国边境的日耳曼部族，如西哥特人、东哥特人、汪达尔人、苏维汇人等，就已经受基督教传教士的影响，皈依了当时被罗马正统教会斥为"异端"的阿利乌派信仰。正是出于这个原因，当日耳曼人摧毁罗马帝国之后，他们对待同属基督教信仰的罗马教会就比较友善（至于罗马正统教会与阿利乌派之间的晦涩玄奥的神学教义之争，对于那些不谙文明的野蛮人来说是毫无意义的）。沃尔克指出："如果西罗马帝国早一个世纪陷落（这是可能的），那么基督教的遭遇就会完全不同。"[②] 擅于捕捉时机的罗马天主教会很快就从毁灭的恐惧中振作起来，开始对那些蒙昧而虔诚的阿利乌派信徒以及一些尚未接受基督教信仰的蛮族部族（如法兰克人、盎格鲁人、撒克逊人等）进行教化。最先接受正统罗马天主教信仰的是法兰克人，公元 496 年圣诞节，法兰克人首领克洛维为了赢得信仰罗马天主教的高卢人民的支持，率领三千士兵在兰斯大教堂接受洗礼，正式皈依了罗马教会。法兰克王国在"黑暗时代"逐渐发展成为各个蛮族王国中最强大的国家，在它的影响和威逼之下，各个蛮族王国相继皈依了罗马教

---

① 黑格尔在《历史哲学》中写道："日耳曼各民族的使命不是别的，乃是要做基督教原则的使者。"他还写道："日耳曼人注定要做基督教原则的负荷者，注定要实现那个'观念'作为绝对地'合理的'目标。"参见黑格尔著，王造时译：《历史哲学》，生活·读书·新知三联书店 1956 年版，第 387、399 页。

② 威利斯顿·沃尔克著，孙善玲等译：《基督教会史》，中国社会科学出版社 1991 年版，第 150 页。

会的正统信仰（仍然坚持阿利乌派信仰的汪达尔王国和东哥特王国后来被查士丁尼的反攻消灭）。这样，罗马教会就因祸得福，借助日耳曼蛮族这条"上帝的鞭子"，趁着罗马帝国的崩溃和蛮族的皈依，顺理成章地接过了西欧社会的领导权。

如果说基督教会在罗马帝国早期曾经被有教养的希腊人和拉丁人视为一种低级的迷信团体，那么到了"黑暗时代"，它在日耳曼蛮族面前就扮演了一个文明教师的角色。摧毁罗马帝国的日耳曼民族正是在基督教信仰的感召之下告别蛮荒、开启教化的。基督教会不仅在"黑暗时代"保留和传承了古典文明的火种，而且还在中世纪推动了一系列文化复兴运动（9 世纪的加洛林王朝文艺复兴、12 世纪的欧洲文艺复兴等），使得西欧社会从普遍的蒙昧状态中逐渐恢复了元气。更重要的是，罗马教会在属灵事务上拥有绝对的权威，它掌握着灵魂升天国的钥匙。因此，罗马教会在日耳曼民族——无论是国王诸侯还是平民百姓——眼里，具有毋庸置疑的神圣性，即"神圣罗马教会"。

在"黑暗时代"（公元 5 世纪—公元 8 世纪），相对于分散闭塞的蛮族王国而言，已经灭亡的罗马帝国和蒸蒸日上的罗马教会这一对冤家对头至少有两点是一致的：第一，它们都代表着一种普世性的统一力量；第二，它们都掌握在文明的拉丁人手中。罗马帝国的皇帝和罗马教会的教皇是同一个世界主义的两个相互对立的首领，一个是尘世的统一首领，另一个则是天国的统一首领。日耳曼民族瓜分了统一的罗马帝国，导致了地方主义性质的封建社会；但是罗马教会却以信仰的力量（而非武力）整合了日耳曼民族，形成了另一种形式的世界主义。整个西欧中世纪的历史，就是神圣罗马教会的世界主义与日耳曼王国的封建主义相抗衡的历史。无论是"黑暗时代"的蛮族王国，还是中世纪徒有虚名的神圣罗马帝国，其实质都是封建主义的。在这个分崩离析的封建社会里，只有罗马教会始终坚定不移地推行着世界主义的主张，并且矢志要把天国的统一理想落实到人间来。

查理帝国是日耳曼人建立的第一个名副其实的大帝国，然而这个帝国很快就陷入分裂之中。① 公元 962 年，东法兰克（即德意志）国王奥托一世在罗马加冕称帝，又建立了一个持续八百多年之久的帝国。这个由日耳曼人建立的帝国，不仅自诩为"罗马帝国"，而且还冠之以"神圣"之名。② 但是在其存在的大部分时间里，神圣罗马帝国只是一个空架子。且不论在它之外还独立存在着法兰西、英格兰、匈牙利诸王国和意大利各邦国，其内部也是一团乱麻。自从 1356 年查理四世颁布"黄金诏书"之后，神圣罗马帝国的帝位就操控在七大选帝侯之手，往往是最弱

---

① 公元 843 年，查理的三个孙子通过《凡尔登条约》把帝国瓜分为秃头查理的西法兰克王国、日耳曼人路易的东法兰克王国和罗退尔的中法兰克王国。前两者分别成为法兰西和德意志的雏形，中法兰克王国后来则被法、德瓜分，南部并入意大利，西欧的一些现代国家如荷兰、比利时、卢森堡、瑞士等原来也在其范围内。

② 奥托二世（973—983 年在位）始称"罗马皇帝"，康德拉二世（1024—1039 年在位）定国号为"罗马帝国"。到了"红胡子"腓特烈一世（1152—1190 年在位）统治时期，为了表明帝国与教会同样具有神圣性，他遂改国名为"神圣罗马帝国"（Holy Roman Empire）。

者（如奥地利哈布斯堡家族）被推选为帝。帝国皇帝只是一个空头衔，根本无力驾驭各自为政的诸侯们。到 1618 年"三十年战争"爆发时，神圣罗马帝国境内出现了三百九十个大大小小的诸侯国、主教领地、自由城市和骑士领地。一直到 1871 年普鲁士统一德国时，这种混乱的政治状况才最终结束。

布赖斯指出："'神圣罗马帝国'的名称对于'神圣天主教会'的名称来说，是必须的和合理的对应物。"[1] 但是，神圣罗马帝国从一产生就是中世纪西欧政治的一个怪胎，它充分说明了蒙昧的日耳曼世界在文明的罗马世界面前的屈辱状态。中世纪的日耳曼人缺乏独立的民族意识，他们在宗教上诚服于一个"神圣罗马教会"，在政治上经营着一个"神圣罗马帝国"，但是他们既不是罗马人，也没有领悟到"神圣"的真实含义。对于他们来说，"帝国"必须与"罗马"联系在一起，[2] 正如"教会"必定是"罗马"的一样。他们既不能建立一个没有"罗马"的德意志帝国，[3]

---

① 詹姆斯·布赖斯著，孙秉莹等译：《神圣罗马帝国》，商务印书馆 1998 年版，第 175 页。布赖斯在注释中指出，德国一些古老教会的红衣主教陵墓上，往往会镌刻着 "S.R.E. Card Presb"（神圣罗马教会红衣主教神父）的铭文，一些选侯的陵墓上同样也刻有 "S.R.I. Princ Elect"（神圣罗马帝国王公选侯）的铭文。可见神圣罗马帝国是与神圣罗马教会相对应的。

② 法兰克帝国皇帝路易二世在致拜占庭皇帝巴塞尔的信中写道："如果我们不是罗马人的皇帝，那么也绝对不可能是法兰克皇帝，因为我们是从罗马人那里取得荣誉的。"参见詹姆斯·布赖斯著，孙秉莹等译：《神圣罗马帝国》，商务印书馆 1998 年版，第 91 页注释②。

③ 15 世纪下半叶，面对着帝国疆域仅限于德意志一隅的现实情况，腓特烈三世再度将国号改为"德意志民族神圣罗马帝国"，"神圣"和"罗马"却依然保留着。一直到 1871 年"德意志帝国"建立时，"神圣"和"罗马"才从国号中消失。

也无力建立一个独立于"罗马"的民族教会。[1] 为了与那个像幽灵一般萦绕在头上的神圣罗马教会相抗衡，日耳曼人试图让自己的国家也具有神圣的光环。但是在建立起独立的民族教会和现代宪政体制之前，"神圣"对于国家来说只是一个空泛的口号而已。

中世纪的教俗之争不仅表现为"两个罗马"，而且也表现为"两种神圣"——神圣罗马教会与神圣罗马帝国——之间的较量，这场较量同时也是罗马世界与日耳曼世界之间的一场对决：

> "教会与国家之间的冲突不仅是一场教士与俗人的冲突，同时也是一场地中海世界与北方蛮族之间的冲突的重演。教会的统一就是罗马帝国统一的反响；它的祷文是拉丁文，它的首脑人物主要是意大利人、西班牙人和南部法国人。……反之，世俗权力则掌握在条顿血统的王侯们的手中，他们企图尽力保持他们从日耳曼森林里所带出来的种种制度。"[2]

由于神圣罗马教会占据着文化制高点（尤其是掌握着灵魂升天国或下地狱的权力），并且通过修道院经营控制了西欧的经济命脉，因此在这场教俗之争和民族对抗中明显占了上风。在中

---

[1] 后来路德宗教改革的一个重要历史后果，就是日耳曼世界的各个民族教会纷纷摆脱罗马教会的控制而独立。

[2] 罗素著，何兆武、李约瑟译：《西方哲学史》上卷，商务印书馆 1963 年版，第 16 页。

世纪，日耳曼世界对罗马世界的反抗始终带有一种情态暧昧的特点，它们只能打着"罗马"的旗号来反对罗马，因为"日耳曼"是不能登大雅之堂的。他们摧毁罗马帝国之后，很快就皈依了罗马教会；他们反抗罗马教会时，又树起了罗马帝国的旧招牌。在自惭形秽的日耳曼人眼里，"罗马"始终具有神圣性，所以他们把模仿罗马而建立的帝国称为"神圣罗马帝国"，其既是"罗马"的，又是"神圣"的，这样才足以名正言顺地与神圣罗马教会相抗衡。然而，"神圣""罗马""帝国"这三个概念没有一个符合中世纪日耳曼国家的现实状况，无怪乎伏尔泰要辛辣地讽嘲它："既不神圣，亦非罗马，更称不上是一个帝国！"当这个徒有虚名的神圣罗马帝国与名副其实的神圣罗马教会相对抗时，结果自然就可想而知了。

但是，尽管举着"罗马"的神圣大旗，日耳曼人对罗马的历史仇恨却是刻骨铭心的。在适当的时候，这种仇恨也会偶尔喷发而出。公元 968 年至公元 969 年，伦巴第主教柳特普兰德代表神圣罗马帝国皇帝奥托二世出使东罗马帝国，与东罗马帝国皇帝尼基弗罗斯发生了一场关于谁才是真正的罗马人的争论。在争论中，柳特普兰德主教被尼基弗罗斯皇帝以罗马帝系嫡裔自居的傲慢态度激怒了，于是他对所谓的"罗马人"进行了一番狗血淋头的痛斥：

"这是一件在历史上臭名远扬的事实，这就是指罗马人所奉为始祖的罗摩勒斯（罗慕路斯）是一个杀死兄弟的人，是一个娼妓的儿子——我是指非婚生子。他建立了一个罪犯逃逋薮来收容债务者、逃奴、杀人犯以及其他罪大恶极的犯人。他包庇了这些罪犯，搜罗了一大群犯人，称他们为罗马人。这就是你们的皇帝或者如你们称为"世界的王"的奉为祖先的优秀的贵族。但是我们——我用"我们"一词来指伦巴第人、撒克逊人、法兰西人、洛林人、巴伐利亚人、斯瓦比亚人、布尔艮迪（勃艮第）人——我们鄙视罗马人到这种程度，以至于我们对敌人发怒时，我们只要叫他们一声"罗马人"就够了，因为照我们的说法，这一个坏称呼包括一切卑贱、懦怯、贪婪、颓废、虚伪以及其他各种恶行的全部而无遗。"[1]

五百多年后，这种历史仇恨的总爆发，是促成宗教改革运动的一个重要因素。当马丁·路德在 1517 年针对神圣罗马教会兜售赎罪券的腐败行径贴出《九十五条论纲》时，他心中不仅怀着一种"因信称义"的神圣感，而且也对罗马世界长期以来欺凌善良淳朴的日耳曼人的做法充满愤慨。路德改革的最主要原因当然是神学和道德方面的，他指责罗马教会在神圣的旗帜下从事邪恶的勾当，极大地亵渎了基督教的圣洁信仰。黑格尔从哲学的高度

---

[1] 《柳特普兰德的君士坦丁堡出使记》第 12 章，转引自汤因比著，曹未风译：《历史研究》下册，上海人民出版社 1964 年版，第 238 页。

强调，路德"因信称义"理论的实质就在于自我意识的真正觉醒，即主观性、自我确信或自由"被带进了人的真正意识中"。① 马克思对路德宗教改革的重大意义有一段精辟的评价："他破除了对权威的信仰，是因为他恢复了信仰的权威。他把僧侣变成了世俗人，是因为他把世俗人变成了僧侣。他把人从外在的宗教笃诚解放出来，是因为他把宗教笃诚变成了人的内在世界。"② 在这里，所谓"权威""僧侣""外在的宗教笃诚"无疑都是针对罗马教会而言的，而"信仰""世俗人""内在世界"则对应德国民众。当路德把信仰提高到得救的唯一根据时，他实际上也唤醒了整个德意志民族的自我意识，告诉他们神圣的权威不属于罗马教会而属于内心信仰。在这里，路德表现了强烈的民族情绪。罗素在总结宗教改革运动的原因时指出："大体上，它是北方民族对于罗马东山再起的统治的一种反抗。……民族的动机、经济的动机和道德的动机都结合在一起，就格外加强了对罗马的反叛。"③ 路德不仅在赎罪券问题上猛烈抨击罗马教会，而且还把《圣经》翻译为德语，使粗通文墨的德国民众可以通过阅读《圣经》来直接与上帝交往，这样就使罗马教会在属灵的事务上不再具有权威性。在路德看来，罗马教会并非神圣之所，而是罪恶之

---

① 黑格尔著，贺麟、王太庆译：《哲学史讲演录》第三卷，商务印书馆 1959 年版，第 378~379 页。

② 《马克思恩格斯选集》第 1 卷，人民出版社 1995 年版，第 10 页。

③ 罗素著，何兆武、李约瑟译：《西方哲学史》上卷，商务印书馆 1963 年版，第 19 页。

渊，"一切属灵属世无赖行为的邪恶样式都是先从罗马——这个罪恶的汪洋大海里泛滥到全世界的"。路德向德意志的诸侯们大声呼吁道：

> "假若德意志王公贵族不迅速大胆加以干涉，德意志真的就要变成废墟，被迫毁灭了。这是罗马人高兴看到的事，他们只把我们视作畜生，罗马有一句俗话论到我们说：'人们可以用各种可能的方式诱诈德国蠢汉的黄金。'对这种侮慢的无赖行径，教宗并不加以阻止，他们都视而不见，事实上他们对这大逆不道的恶棍，比对上帝的神圣福音还更尊崇。
>
> "上帝的国（这是基督所称的基督教会）不在罗马，不属于罗马，不在这里，也不在那里，乃是在信仰者心里，无论他们在罗马，或在任何别的地方。因此，硬说基督教会是在罗马，或者属于罗马，甚或说按照神命它的头和权柄也在罗马，这是一种令人作呕的谎言，而且有悖于基督，把他置于撒谎的境地。"①

当神圣罗马教会与神圣罗马帝国相抗衡时，双方的"神圣"都是虚假的——神圣罗马教会在权力和物欲的诱惑下早已背离了基督教的神圣理想，而神圣罗马帝国更是徒具"神圣"之名。但

---

① 路德：《论罗马教宗制度》，载于《路德文集》中文版编辑委员会编《路德文集》第1卷，生活·读书·新知三联书店 2005 年版，第 454、455、461 页。

是当路德向罗马教会发起攻击时，他却是站在真正的神圣信仰的立场上，向一切违背基督教圣洁理想的东西猛烈开火。从这种意义上说，路德以及新教教会与罗马教会的对立，不仅是对"两种神圣"相互抗衡的历史继续，更是对它的精神升华。

正是由于神圣性和民族性的双重影响，再加上经济和政治方面的诸多因素，路德改革在北部欧洲的范围内引起了轩然大波。几乎整个日耳曼世界——包括德意志神圣罗马帝国的大部分邦国和苏黎世、日内瓦、英格兰、苏格兰、尼德兰、斯堪的纳维亚诸国等——全都自觉地站在罗马世界的对立面上，通过宗教改革这场文化更新运动，实现了政治、经济的全面变革。在政治领域，不仅由于民族教会的建立极大地促进了现代民族国家的崛起，导致了社会领域的巨大变革（如尼德兰革命、英国清教徒革命、法国胡格诺战争等）；[1] 而且从加尔文教的"两个国度"理论中衍生出现代宪政民主制度，形成了政教分离的基本格局。[2] 在经济领域，新教伦理成为推动资本主义发展的巨大精神杠杆，[3] 几乎所有成功进行了宗教改革的国家和地区，在 17 世纪以后都相继崛起

---

[1] 参阅拙文：《宗教改革运动与西欧现代民族国家的崛起》，载于《道风：基督教文化评论》2011年秋季号。

[2] 参阅拙文：《加尔文教的"两个国度"思想对西方宪政民主的深远影响》，载于《求是学刊》2012 年第 1 期。

[3] 参阅马克斯·韦伯的经典著作《新教伦理与资本主义精神》。

为新兴的资本主义强国。 ①

　　在宗教改革之前，西欧社会力量的基本格局是：南方拉丁世界在经济上繁荣（意大利）、政治上强大（西班牙）、文化上更是引导潮流（罗马天主教会）；北方日耳曼世界则是经济上落后、政治上羸弱、文化上凋敝不堪。但是宗教改革运动唤醒了日耳曼人的民族意识和自由精神，一百多年以后，日耳曼世界像希腊神话中的安泰一样在新教信仰的大地上挺立起来，取代日益衰落的罗马世界成为历史巨轮的领航者。随着西欧社会力量对比的惊天逆转，地中海时代的夕照逐渐黯淡，大西洋时代的朝阳喷薄而出。

　　西方人发明的扑克牌中有四个老K，分别是指大卫王（黑桃K）、查理大帝（红桃K）、亚历山大大帝（梅花K）和恺撒大帝（方块K）。这四个老K非常恰当地表现了罗马与希腊、犹太以及日耳曼的关系——恺撒与亚历山大的关系表现了东西"两个帝国"之间的历史张力，恺撒与大卫（以及弥赛亚或基督）的关系表现了凡圣"两个罗马"之间的理想冲突，恺撒与查理的关系表现了南北"两种神圣"之间的盛衰转化。在六合视域中呈现出来的这三对矛盾，决定了罗马帝国的历史命运，其影响绵亘至今，班班可考。

---

① 在这方面唯一的例外是地处南北之间、兼具拉丁文化因子和日耳曼文化因子的法国。16世纪末波旁家族亨利四世的政治权衡和胡格诺战争的失利导致法国仍然坚持天主教信仰，但是诚如布林顿等人所言，失败的新教徒已经"将新教的信仰烙印在法国人的良知上"，而且18世纪法国启蒙运动也是对失败了的宗教改革运动的一种加倍补偿。

后记

后 记

古代圣人孔子曾感叹道："古之学者为己，今之学者为人。"（《论语·宪问》）现代学术巨擘陈寅恪先生在一首诗中写道："天赋迂儒自圣狂，读书不肯为人忙。"（《北大学院己巳级史学系毕业生赠言》第二首）我数十年来读书撰著，皆为功名所累，为稻粱而谋。年近古稀，适才渐悟出读书治学之真谛，方知真正的学问是开拓自我眼界、陶冶内心情怀和提升精神睿智的"为己之学"。

这本书不是为了评职称和完成课题所写，而是纯粹出于自己对古罗马帝国的历史文化的兴趣而写。因此，自动笔之初，本书的写作就不受任何外在规范的制约，而是以一种轻松自由的心境来面对古罗马文明的历史场景。书既然是为自由心境而写，它也必定会为心灵相通者所悦。

历史始终都是历史学家笔下所记述的"事实"。这些"事实"是在前人书史的基础上，经过历史学家本人的主观识见加工而成的结果。同样是对所谓历史"事实"的描述，李维笔下的历史人物和事件与塔西佗、苏维托尼乌斯、普鲁塔克、阿庇安等人的描述就不尽相同，甚至大相径庭，更遑论与近现代学者爱德华·吉本、蒙森、塞姆等人撰史的差异。历史学所要面对的是以往时代的各种风俗、制度、事件和人物，其中最重要的是曾经生活在具体的社会环境和文化氛围之中有思想有情感的人物，这些人物不同于科学所要面对的冷冰冰的客观事实。那些所谓的客观事实——无论是自然科学所面对的物理事实还是社会科学所面对的制度事实——都是有着普遍必然性的、在既定的前提条件下可以还原和复制的客观事件或设施，但是历史学主要面对的却是不仅要受普遍的理性法则影响，而且也会受到各种非理性的意志、欲望、情感等因素影响的活生生的历史人物。这些人物在面对具体的历史处境时，支配其做出某种抉择的复杂动机，是难以像科学事实的因果关系那样进行还原和复制的。在这里，最重要的因素不在于他所处的客观环境，而在于他是一个什么样的人，有着什么样的具体目标、谋略和手段，以及独特的个性特征、精神气质和情感状态。恺撒的壮志未酬和屋大维的大功告成，在很大程度上是由这两个人的人格特点所决定的，而他们所处的历史背景则是大体相同的。历史学家在重述这些人物的故事时，以及读者们在聆听这些故事时，不可能不受到自己的主观识见、价值态度和情感好恶等因素的制约。因此，不同历史学家所叙述的历史、不同读者所理解的历史就难免不尽相同了，这一点与不同的科学家在同样的因果条件下所观察到的普遍必然性的客观事件是大异其趣的。这就是面对着鲜活人性的历史学以及文学、艺术、宗教学、哲学等人文学科与面对着冷冰冰的物理事实的科学之间的最大差异。

我一向认为，文化史的最重要的意义不在于还原那些琐碎的历史细节——许多历史细节是永远不可能还原的——而是要通过展现恢宏的历史场景和壮烈的英雄业绩，激发后人的文化反思和道德情怀。按照古罗马杰出历史学家李维的撰史原则，历史学的真正意义在于发掘散落在历史事件中的人性和美德。历史本身就是一面哈哈镜，或者更精确地说，每个人的历史眼光都是一面哈哈镜，各自具有凹凸不平的镜面，这是由每个人所处的社会环境和所受的文化教养而形成的。所谓客观的历史真理是可望而不可求的，我们只能看到自己这面哈哈镜中所呈现出来的历史"事实"，从而在自己的独特视域中复活一个个曾经创造历史的典型人物。因此，文化史最重要的功能就在于开拓人的文化视野、陶冶人的道德情怀和提升人的反思睿智，而不在于还原所谓的客观事实。

本书的基本宗旨不在于考据，而在于重现。既是重现，就难免带有主观色彩，事实上，任何历史著作都不可能不带有某种程度的主观色彩。不仅"一切历史都是当代史"（克罗齐），而且一切历史都是经过撰史者主观的批判意识、价值观念、审美情趣等因素润色之后的历史。还是李维撰史的那个基本原则，历史学的真正意义在于从历史事件中发掘人性和美德。因此，本书中更多展现的是活生生的历史人物的个性特征，而不是孤立零碎的史实考据。

本书中的"罗马帝国"概念更多是从对外扩张而非政治制度的意义上来说的，自从发迹于"七丘之城"的罗马人踏上了对外扩张的道路之后，罗马就日益发展成为一个"帝国"，无论它在政制方面实行王政、共和制还是帝制。盐野七生在《罗马人的故事》中有一段话说得很好，不妨引用如下：

> "其实，帝国和皇帝统治的国家并不能画等号。'帝国'一词源于拉丁语'imperium'，这个词是由含有'支配''统治''命令'等含义的动词'imperare'派生出来的。一个国家，共和制也好，王政也好，不管政体如何，只要是把其他国家或民族纳入自己支配下的霸权国家，它就成了'帝国'。"

　　诚如我们今天喜欢把美国叫作"美帝国主义"一样，并不是因为美利坚合众国有皇帝，而是由于它对外推行帝国主义的强权政策。

　　以史为鉴，可以知兴替。一部罗马帝国的发展演变史，很好地展现了大国兴衰的经验教训。自近代以来，欧洲乃至全球范围内不断出现大国的兴衰和更迭，从16世纪号称第一个"日不落帝国"的西班牙，再到相继崛起的奥地利（神圣罗马帝国）、法兰西、俄罗斯和德意志，以及自近代以来一直在海外操纵着欧洲大陆乃至整个世界格局的英国和后来居上的美利坚合众国，这些大国的兴替无非是以一种现代的方式重演了古罗马帝国的兴衰存亡故事罢了。

　　古希腊文明充满了晶莹剔透的美感，玉洁冰清，崇高典雅，无论是神话、诗歌、竞技、雕塑、建筑乃至悲剧和哲学，都流露出钟灵毓秀、美轮美奂的"小资情调"。相比之下，古罗马文明则展现出刚猛遒劲的力度，雷霆万钧，威震寰宇，其政制、法律、行政管理、军事制度以及公共工程都显示出高屋建瓴、大气磅礴的雄浑气概。古希腊文明犹如喷薄而出的晨曦，光芒瑰丽；古罗马文明则如同如日中天的骄阳，辉煌璀璨。希腊与罗马，这两种隔着亚得里亚海"背向而立"——一个面向东地中海，一个面向西地中海——的古老文明，二者的精神气质可谓是天壤之别。形象地说，希腊人宛如一个翘望苍穹的清纯少年，心志高洁；罗马人则似同一个统御大地的庞然巨人，气势宏大；希腊人用美的花环装点了爱琴海沿岸，罗马人却以力的铁蹄征服了地中海世界。然而，随着希腊化世界（包括希腊本土、马其顿、小亚细亚、西亚和埃及等地区）相继沦为罗马人的政治殖民地，罗马帝国也逐渐被优雅柔美的希腊文化所浸润，最终蜕化为希腊人的文化殖民地。诚如罗马大诗人贺拉斯的诗句所言：

"被征服的希腊征服了她野蛮的征服者。"

希腊和罗马，这两种精神迥异却又命运相关的古老文明对于后世西方社会贡献了一系列彼此对立而又相互联系的基因：政治治理上的分离主义和帝国形态，生活方式上的个人自由和整体秩序，文化风格上的理想主义和现实主义，价值取向上的唯美主义和功利主义。概言之，希腊人是一个仰望星空的民族，超逸浪漫；罗马人是一个俯抱大地的民族，功利务实。后世的整个西方文明，就沉浮于希腊的灿烂星空与罗马的坚实大地之间，在二者的文化张力之下——后来又加了一个与二者均有复杂联系的基督教的天国理想——俯仰纵横，跌宕起伏。

我们生活在一个平庸的时代，一个充溢着喜剧意识的时代，一个缺乏英雄情怀和崇高感的时代，人们普遍被笼罩在轻浮、流俗、调侃和怨愤的精神氛围中。在这样的生存处境中，追抚一下远逝的古希腊文明和古罗马帝国（以及我们中国的先秦风范和汉唐气象），或许能够激荡起人们心中残存的崇高美德和恢宏理想。

后　记

　　关于罗马的历史，古典时代的史学家如李维、塔西佗、阿庇安、普鲁塔克等人由于身在此山中，对于一些问题的看法难免当局者迷。爱德华·吉本、蒙森以及英国牛津学派史学家们的罗马史著作，思想深邃、见解精当，但过于学术化，绝非寻常百姓所能读懂。近年来国内风靡的日本学者盐野七生的《罗马人的故事》，视野宏大，脉络清晰，既深入细致地论述了罗马一千多年来的兴衰存亡史，又独具东方人的视角和情怀，堪称普及罗马文明的上乘之作。但是此书篇幅过于浩大，中译本共计15卷，一般读者往往读上一两卷就望而却步了；再加上枝蔓较多，读起来难免有些琐碎之感。因此要想通过阅读此书来把握罗马帝国发展演变的全过程，也并非一件容易的事情。

　　相比起这些国外的研究著作来，当前中国学界关于古罗马文明（以及古希腊文明）的著述不仅数量甚少，而且往往缺乏宏观视域和人文情怀。事实上，今天人文学科的研究者们正在工具理性和利益诉求的引导下，越来越把充满了鲜活人性和盎然情趣的人文学——文学、艺术、史学、哲学、宗教学等——弄成了一堆枯燥乏味的东西，就像钟表匠们所面对的齿轮、游丝、刻盘、螺丝钉一样。大多数高校和研究机构里的人文学者，撰写论著都是为了申报课题和评职称，所论述的内容，且不说一般读者看不懂，即使是同行的专家们，读来大多也是云里雾里，不知所云。

书是写给人看的，一本好书应该让人看得懂、愿意看；读者不仅可以从书中获得知识，而且更能够陶冶情操，提升睿智水平，达到一种激发美德、净化心灵的效果。这种愿景，就是我撰写这部《古罗马帝国的辉煌》的初衷。

我的学术研究之路最初是从西方哲学入手，逐渐深入抽象的哲学思想背后的宗教背景，尤其是基督教思想史和文化史，这也是我多年来在武汉大学所招收和指导的博士生的研究方向。在这方面，多年前我就相继出版了《西方宗教文化》《基督教思想文化的演进》《基督教与西方文化》等多部研究著作。10多年来，我又沿着历史的脉络从基督教文明上溯到古典文明，即古希腊文明和古罗马文明，对西方历史的文化源头和制度滥觞越来越感兴趣，而且曾多次到希腊、罗马等地的历史遗迹和博物馆进行文化考察。2015年5月，我曾带领一支专业的摄影团队到希腊各城邦旧址主讲和拍摄了12集的大型文化纪录片《爱琴海的光芒》；2019年10月全球疫情暴发之前，我又带领这支摄影团队去意大利和突尼斯等地主讲和拍摄了10集的大型文化纪录片《地中海的辉煌》。这两部纪录片现在都已经在国内各大网站上公开播出，尤其是《地中海的辉煌》，获得了影视界和广大观众的较高评价。

　　2020 年 11 月，我出版了一部《 古希腊文明的光芒 》（ 上、下册 ），系统讲述了希腊各种文化形态的发生、发展过程。该书完稿之后，我就全力投入这部《 古罗马帝国的辉煌 》的撰写工作中，一眨眼就过了两年多光阴。相比起《 古希腊文明的光芒 》，本书耗时更长，花费的精力也更大。近几年来，我先后在武汉大学、电子科技大学、华夏理工学院等高校多次讲授“古罗马文明”的课程。正是在 10 多年的资料准备、多次实地考察以及已拍摄的纪录片的基础上，我以“古罗马文明”课程的讲课录音为底稿，进行了几乎是重新撰写的艰苦整理工作，才最终完成了这部《 古罗马帝国的辉煌 》。整个过程可谓是呕心沥血，殚精竭虑。

　　无论是从历史上来说还是从逻辑上来说，罗马文明都构成了希腊文明与基督教文明之间的重要枢纽。正如我在此书附录《 罗马帝国的历史命运与现实影响 》中所展示的六合之中的罗马帝国情景，罗马不仅与希腊形成了东西争锋，与基督教形成了凡圣博弈，而且也与后来居上的日耳曼世界形成了南北抗衡。就这种枢纽意义而言，《 古罗马帝国的辉煌 》正好构成了我此前出版的《 古希腊文明的光芒 》和《 基督教与西方文化 》之间的一个有机中介，这三部著作也珠联璧合、一脉相通地展现了我关于西方文化史的宏观视野和独特史观。

　　为了帮助读者更加贴切地了解古罗马文明，我在本书中插入了大量的图像资料和历史地图（ 如同我在《 古希腊文明的光芒 》中的做法一样 ），旨在引导今人能够便捷而直观地进入古罗马时代的历史场景。书中的插图大部分是我自己多年来探访古罗马帝国各地遗址和西方各大博物馆时所拍摄的照片，还有一些图像资料是由我的好友张松先生和武汉大学哲学学院周玄毅副教授收集提供，在此谨表谢忱！

我万万没有想到，这部书稿竟然是在新冠病毒隔离病房中完稿的。2022 年 11 月 22 日星期二（这是一个够"二"的日子！），我在给武汉大学哲学学院本科生讲授"西方哲学史"专业课时，感染了新冠病毒，第三天开始发热、头痛，睡了一夜就恢复正常了，但是核酸检测结果却为阳性，因此被送进武汉市第七医院进行隔离观察。这次新冠病毒感染来去匆匆，无甚大碍，我却在隔离病房中待了十余天，每日餐食水果按时供应，身体健康如常，只是要等到核酸检测结果转阴才能出院。其时正值这部书稿进入收尾阶段，我就是在被隔离的状态中，在病房中写完了本书的最后一个字符和这篇后记。

说来也巧，2020 年初新冠疫情暴发时，我正好暂居上海，在居家隔离的情况下完成了《古希腊文明的光芒》一书。时隔近三年，这部《古罗马帝国的辉煌》竟然又是在更加严格的住院隔离状态下脱稿的，这或许也是某种冥冥中的定数吧！更加出人意料的是，就在我住院隔离期间，国家的防疫方针发生了根本性变化——新冠病毒感染被宣布为自限性疾病，如同流感一般，全国范围内全面放开，持续了近三年的严防死守、"动态清零"政策至此终结。

　　我的书稿完成了，国家的防疫政策也发生了巨大的变化，我很快就可以走出隔离病房自由地呼吸外面的新鲜空气了。唯愿在这本书出版之时，中国能够彻底驱散肆虐三年的疫情阴霾，整个华夏大地重新沐浴在温煦明媚的春光之下。

2022 年 12 月 6 日
于武汉市第七医院隔离病房